S. FISCHER

Andreas Bernard

Komplizen des Erkennungsdienstes

Das Selbst in der
digitalen Kultur

S. FISCHER

Erschienen bei S. FISCHER

© 2017 S. Fischer Verlag GmbH, Hedderichstr. 114,
D-60596 Frankfurt am Main

Satz: Dörlemann Satz, Lemförde
Druck und Bindung: GGP Media GmbH, Pößneck
Printed in Germany
ISBN 978-3-10-397301-3

Inhalt

1. ›Profil‹: Karriere eines Formats

Als die USA im Jahr 2012 von zwei Amokläufen innerhalb weniger Monate erschüttert wurden, in einem Kino in Denver und in einer Grundschule in Connecticut, erneuerte sich eine alte politische Debatte. Sie betraf die Frage, ob der potentielle Kreis von Tätern in Zukunft besser eingegrenzt und ein Verbrechen dieser Art frühzeitig verhindert werden könne. Zu den bekannten Verdachtsmomenten – die besondere Introvertiertheit der fast immer männlichen Täter, ihre soziale Abgeschiedenheit, psychiatrische Behandlungen in der Vergangenheit – kam nun ein weiteres Kriterium hinzu, und zwar die übereinstimmende Zurückhaltung der Todesschützen in den Sozialen Medien. Weder James Eagan Holmes noch Adam Lanza, so stellten die Berichterstatter fest, verfügten über ein ›Profil‹ bei Facebook, Twitter oder LinkedIn. Sie hatten sich, wie auch der Norweger Anders Breivik ein Jahr zuvor, den omnipräsenten Kommunikations- und Selbstdarstellungsangeboten im Netz verweigert, und diese Askese erhielt nun den Charakter eines Warnsignals. Personalchefs großer Unternehmen kamen zu Wort, die daran erinnerten, dass ein Blick auf die Online-Profile der Bewerber inzwischen zum Standard bei der Auswahl geeigneter Kandidaten gehöre und die völlige Absenz in den Sozialen Netzwerken Befremden hervorrufe. Medizinisch erhärtet wurde diese Ansicht durch eine 2011 publizierte Untersuchung des kanadischen Psychiaters Richard Bélanger, die einen »u-förmigen Zusammenhang« zwischen Internetaktivität und seelischer Gesundheit bei Jugendlichen konstatiert: »Heranwachsende, die sich überhaupt nicht im Netz bewegen, und solche, die es mehrere Stunden am Tag tun«, so Bélangers Fazit, gäben Ärzten und Psychologen »gleichermaßen zur Beunruhigung Anlass«.[1] In der digitalen Kultur der Gegenwart, das zeigte diese Diskussion anschaulich, kommt es inzwischen einem Moment der Irritation gleich, wenn Menschen in einem bestimmten Alter kein öffentliches Doppel ihrer selbst im Netz erschaffen, in Form von Profilen, Statusmeldungen, Kommentaren. Diese Abstinenz ist in der westlichen Welt heute offenbar erstes Zeichen einer psychischen Auffälligkeit, vielleicht einer Krankheit, vielleicht eines verborgenen pathologischen Triebs, der sich eines Tages in einem verheerenden Ausbruch entladen könnte. Im Umkehrschluss gilt die regelmäßige Nutzung der Sozialen Medien als Ausweis von Gesundheit und Normalität.

Die folgenden Überlegungen zum Status des Selbst in der digitalen Kultur betreffen Verfahren, Dienste und Geräte, die inzwischen selbstverständlich sind und in ihrem allgegenwärtigen Gebrauch zunehmend wie eine natürliche Disposition erscheinen. Dennoch stellen sie in der Geschichte der Repräsentationsformen von Subjektivität weiterhin eine frappierend junge Entwicklung dar. Wer noch vor einem Vierteljahrhundert die Schule oder die Universität besucht hat, wird sich erinnern, wie begrenzt damals die Optionen gewesen sind, die eigene Person, die eigenen Vorlieben und Überzeugungen, öffentlich darzustellen – ein Sticker auf dem Revers der Jacke, ein paar Zeilen unter dem Foto in der Abiturzeitung, eine kostspielige, nur einen Tag lang erhältliche Bekanntschaftsannonce in der Tageszeitung. Dieser minimale Radius an Publizität für alle, die nicht über den konstanten Zugang zu den Massenmedien verfügten, war noch Anfang der 1990er Jahre unveränderliche Wirklichkeit – und doch wirkt diese Zeit heute wie eine weit entfernte, fremd gewordene Epoche.

In Windeseile – Facebook ist erst seit Herbst 2006 ein für alle offenes Netzwerk, Smartphones gibt es seit 2007, App-Stores seit 2008 – hat sich eine flächendeckende digitale Kultur herausgebildet, deren Erscheinungsweisen in journalistischen und akademischen Abhandlungen laufend untersucht, gefeiert oder dämonisiert werden, deren wissensgeschichtliche Herkunft aber selten (und wenn, dann in computerhistorischer Perspektive) zur Sprache kommt. Eine solche Genealogie, eine solche Einbettung digitaler Medientechnologien in die Geschichte der Humanwissenschaften versucht dieses Buch. Denn was an den Verfahren heutiger Selbstpräsentation und Selbsterkenntnis auffällt – an den ›Profilen‹ der Sozialen Medien, aber auch an den vielfältig genutzten Ortungsfunktionen auf dem Smartphone oder den Körpervermessungen der ›Quantified Self‹-Bewegung –, ist der Umstand, dass sie allesamt auf Methoden zurückgehen, die in der Kriminologie, Psychologie oder Psychiatrie seit dem Ende des 19. Jahrhunderts erdacht worden sind. Techniken der Datenerfassung, die lange Zeit für polizeiliche oder wissenschaftliche Autoritäten reserviert waren, um den Zugriff auf einen auffälligen Personenkreis zu sichern, betreffen heute jeden Nutzer eines Smartphones oder Sozialen Netzwerks. Biographische Signalements, GPS-Sender und dauerhaft am Körper installierte Messgeräte sind dabei keine Erkenntnisinstrumente des kriminalistischen Verdachts mehr, sondern werden in einem spielerischen, kommunikativen, ökonomisch oder amourös inspirierten Sinne gebraucht.

Begriffsgeschichte des ›Profils‹ im 20. Jahrhundert

Besonders aufschlussreich ist in dieser Hinsicht die Kategorie des ›Profils‹. Für den Austausch innerhalb der Sozialen Netzwerke spielt dieses Element bekanntlich die zentrale Rolle. Das Profil der Mitglieder von LinkedIn, Instagram oder Facebook – der Ort, an dem sie ihre Selbstbeschreibung verfassen, an dem persönliche Daten, Texte, Fotos und Videos versammelt sind – ist der Knotenpunkt der Interaktion. Bereits die frühesten Forschungen über Soziale Medien haben das ›Profil‹ deshalb in den Mittelpunkt der Analyse gestellt. Danah Boyd etwa geht in ihren einflussreichen, ab dem Jahr 2002 veröffentlichten Aufsätzen über Friendster (das erste dauerhaft erfolgreiche Soziale Netzwerk) immer wieder von diesem Element aus. Im ersten Satz eines Beitrags von 2006 heißt es etwa: »Profile sind das vorherrschende Format geworden, um die eigene Identität online darzustellen.«[2] Den Autoren eines Profils – die gleichzeitig dessen Gegenstand sind – wird von Boyd dabei ein hohes Maß an Souveränität zugesprochen.

Sie haben volle Autonomie in der öffentlichen Darstellung ihres Selbst, und je origineller und aufwendiger das Format gestaltet ist, desto stärker wird die Reaktion der anderen Nutzer des Sozialen Netzwerks ausfallen: »Wer die Mühen auf sich nimmt, ein interessantes Profil zu kreieren«, so Danah Boyd und Judith Donath im Jahr 2004 über Friendster, »wird auch mehr Verbindungen herstellen.«[3] Boyd bezeichnet die Praxis der Selbstgestaltung in ihren Aufsätzen häufig als »Identitätsperformance«, und sie betont, dass diese schöpferische, produktive Bewegung »das Profil von einer statischen Repräsentation des Selbst in ein kommunikatives Instrument verwandelt hat«.[4] Das ist also das Versprechen des Formats: ein freier, selbstbestimmter Raum, in dem die Verfasserinnen und Verfasser eine wünschenswerte, mehr oder weniger aufrichtige, mehr oder weniger geschönte öffentliche Persona in Szene setzen können.

Und doch darf man bei alldem nicht vergessen: Bis vor 20 oder 25 Jahren waren nur Serienmörder oder Wahnsinnige Gegenstand eines ›Profils‹. Diese Wissensform, dieses Raster der Menschenbeschreibung hat im letzten Vierteljahrhundert eine so rasante wie tiefgreifende Umwandlung erlebt. Vor dem Hintergrund seines heutigen Gebrauchs ist es daher aufschlussreich, sich mit der historischen Semantik des Begriffs auseinanderzusetzen. In welchen Zusammenhängen und zu welchem Zeitpunkt taucht das schriftliche ›Profil‹ auf? Wer ist sein Autor, wer sein Gegenstand, und warum wird es erstellt? In seiner Bedeutung als »kurze, anschauliche Biographie, die die wichtigsten Charaktermerkmale eines Subjekts umreißt«,[5] wie es das Webster Dictionary von der 1968er-Auflage an definiert, hat die Bezeichnung eine verhältnismäßig junge Geschichte (deutschsprachige Enzyklopädien nehmen diese Definition noch später auf). Das Wort ›Profil‹ wird ab der Frühen Neuzeit zunächst im architektonischen und geologischen Kontext gebraucht und meint den Umriss von Gebäuden oder Gebirgen; im 18. Jahrhundert etabliert sich dann auch die Bedeutung als Seitenansicht des Gesichts. Das ›Profil‹ im Sinne eines tabellarischen oder schematischen Abrisses, der Auskunft über einen Menschen gibt, scheint bis ins frühe 20. Jahrhundert unbekannt zu sein.

Wenn der Eindruck nicht täuscht, kommt das Wort in den Humanwissenschaften zum ersten Mal als Fachbegriff der Psychotechnik auf, in den Untersuchungen des russischen Psychiaters Grigorij Rossolimo, der im Jahr 1910 eine Abhandlung mit dem Titel *Das psychologische Profil* veröffentlicht. Rossolimo entwirft in dieser Studie, die nach dem Krieg auch auf Deutsch erscheint und in den zwanziger Jahren von Fachkollegen wie Karl Bartsch oder Fritz Giese aufgegriffen wird, ein Testverfahren für Kinder ab sieben Jahren, um verschiedene Begabungen – Konzentrationsspanne, Gedächtnisleistung oder Assoziationsvermögen – auf einer Skala von eins bis zehn zu messen. Am Ende dieser Testverfahren, so Rossolimo, können alle »Punkte der Tabelle miteinander verbunden werden, wodurch man eine Kurve der Entwicklungshöhe aller einzelnen Vorgänge enthält, nämlich ein detailliertes *psychologisches Profil*«.[6] Diese Messwerte werden in Russland vor allem dazu benutzt, um verhaltensauffällige Kinder einer adäquaten Schulart zuzuweisen. Wie Karl Bartsch in seiner Adaption der Methode sagt: »Das psychologische Profil ermöglicht es, die Funktionen der kindlichen

Seele zu zergliedern und klarzulegen, und zeigt Wege zu rechten heilpädagogischen Behandlungen vorgefundener Störungen.«[7]

Das Erkenntnisinteresse des ›Profils‹ besteht also von Anfang an darin, einer prüfenden, wertenden Instanz Aufschluss über die Identität und das Verhalten abweichender Subjekte zu geben. Karl Bartsch, der die Interpretationen der Messverfahren Rossolimos zuspitzt und den Kreis seiner jungen Untersuchungspersonen »Psychopathen« nennt, schreibt über einen schwererziehbaren Schüler mit langer Problembiographie: »Wer kann ihn verstehen, ohne sein psychologisches Profil zu kennen?« Der Leipziger Heilpädagoge stellt auch eine kalkulierbare Beziehung zwischen ›Profilkurve‹ und institutioneller Reaktion her: »Alle Kinder, die im Alter von 7–8 Jahren und darüber hinaus eine Profilhöhe von 4 nicht erreichen«, so Bartschs Empfehlung, »sind der Hilfsschule zuzuführen.« Wo ein Profil erstellt, wo »eine Art seelenkundlichen Querschnitts durch den Menschen«[8] gezogen wird, wie es der Psychotechniker Fritz Giese 1923 nennt, steht also immer schon die Normalität und Gesundheit der analysierten Probanden auf dem Spiel.

Um 1930 verliert sich zunächst die Spur des ›psychologischen Profils‹ im Sinne der Psychotechnik, doch der Begriff taucht bald darauf in einem neuen Wissenskontext auf, der ihm dann im späten 20. Jahrhundert umfassende Popularität verschaffen wird. Um die Aufklärung ungelöster Kriminalfälle voranzutreiben – vor allem solcher, hinter denen man einen Wiederholungstäter vermutet –, kommt es nach dem Zweiten Weltkrieg in den USA zunehmend zu Kooperationen zwischen Kriminalisten und

Psychoanalytikern. So wie die konventionelle Polizeiarbeit materielle Spuren am Tatort auswertet, um sich über Fingerabdrücke oder verstreute Projektile der Identität des Täters zu nähern, beginnt sich die kriminalpsychologische Perspektive auch auf die immateriellen, affektiven Spuren zu konzentrieren, die er hinterlässt, auf die Frage, wie sich Hass, Angst, Zorn, Liebesbedürftigkeit oder andere Eruptionen seines Innenlebens in den Schauplatz des Verbrechens einzeichnen. Dieser Persönlichkeitsabdruck, diese kriminalpsychologische Ballistik hat schon in den fünfziger Jahren Anteil an der Aufklärung spektakulärer Serienverbrechen (etwa im Fall des New Yorker ›Mad Bombers‹ George Metesky), doch als ›psychiatrisches Profil‹ wird die Methode offenbar erst 1962, in einem Aufsatz des Psychoanalytikers Louis Gold über notorische Brandstifter, zum ersten Mal bezeichnet.[9]

Eine große Differenz kennzeichnet das ›psychiatrische Profil‹ der Kriminalistik im Vergleich zum früheren Gebrauch des Begriffs in der angewandten Psychologie: Nun sind es unbekannte Personen, die mit Hilfe dieses Wissensformats identifiziert werden sollen; an die Stelle der Prüfung tritt die Fahndung, an die Stelle der quantifizierbaren wissenschaftlichen Aussage die Hypothese. In ihrer Frühphase vertraut die neue Ermittlungstechnik noch auf die charismatischen, ins Schamanenhafte gehenden Intuitionen einzelner Kriminalpsychologen wie James Brussel. Erst am Ende der 1970er Jahre wird die Erstellung von ›Täterprofilen‹, wie sie nun heißen, mit programmatischer Sorgfalt entwickelt, und zwar im Umfeld einer neugegründeten Abteilung des FBI mit dem Namen ›Behavioral Science Unit‹. Psychologen und Kriminalisten erproben in dieser Abteilung neue Methoden, um auf die steigende Verbrechensrate in den USA zu reagieren. Seit den 1960er Jahren ist laut FBI nicht nur die Zahl der ungeklärten Tötungsdelikte stark angewachsen; auch die Fälle, bei denen das Opfer den Täter nicht kannte, hat sich, wie die Statistik überführter Mörder ausweist, von etwa zehn auf dreißig Prozent erhöht. »Wenn die Verbrecher immer raffinierter vorgehen«, so schreiben Richard Ault und James Reese in ihrem grundlegenden Aufsatz über die neue Methode in der hauseigenen Monatszeitschrift *FBI Law Enforcement Bulletin*, »muss Gleiches auch für die Ermittlungswerkzeuge des Polizeibeamten gelten. Eines dieser Werkzeuge ist die psychologische Analyse des Verbrechers – das Profiling.«[10]

Der Erkenntnisauftrag des ›Profils‹ liegt Ault und Reese zufolge darin, an den verheerenden Schauplätzen ungeklärter Sexualmorde oder Brandstiftungen bestimmte Verhaltensmuster und Motive des Täters zu entziffern. Einer der Leiter der ›Behavioral Science Unit‹ bezeichnet diese Strategie an anderer Stelle als den Versuch, »über das ›Warum‹ zum ›Wer‹ zu finden«.[11] Vom Zustand des Tatorts schließen die Ermittler auf eine eher organisierte oder desorganisierte Vorgehensweise des Täters, und von dieser Grunddifferenz aus versuchen sie die Identität des Unbekannten mehr und mehr einzukreisen: Lebt er in unmittelbarer Nähe seines Opfers? Befindet sich seine Wohnung in verwahrlostem Zustand? Hat man es mit einem eloquenten oder sozial ausgeschlossenen Täter zu tun, einem weiß- oder dunkelhäutigen, einem korpulenten oder abgemagerten (bestimmte psychische Krankheiten, so die Überzeugung der Kriminalpsychologen, äußern sich in asketischem Essverhalten)? Ihren bahnbrechenden Artikel beginnen die FBI-Mitarbeiter mit der Erfolgsmeldung, dass eine Serie von sieben Vergewaltigungen, in denen immer derselbe ›Modus Operandi‹ zu erkennen gewesen sei, nach der Erstellung eines Profils innerhalb einer Woche aufgeklärt werden konnte. Die in diesem Format enthaltenen Mutmaßungen betreffen: »1. die ethnische Herkunft des Täters, 2. das Geschlecht, 3. das ungefähre Alter, 4. den Familienstand, 5. den Beruf, 6. das Verhalten beim Kontakt mit der Polizei, 7. den sexuellen Reifegrad, 8. die Frage, ob der Täter weitere Verbrechen begehen könnte, 9. die Möglichkeit, ob er oder sie bereits ähnliche Taten in der Vergangenheit verübt hat, 10. mögliche Vorstrafen«. Als unabdingbare Hilfsmittel für die Erstellung eines Täterprofils gelten zudem Fotografien vom Tatort, Autopsie-Protokolle, Laboruntersuchungen und Polizeiberichte.[12]

Die Zeitschrift *Law Enforcement Bulletin* des FBI steht im Jahr 1980 ganz im Zeichen dieser neuen Ermittlungsform. Dem Grundsatzartikel von Richard Ault und James Reese folgen mehrere Aufsätze, in denen das Erkenntniskonzept des Täterprofils spezifisch auf Sexualdelikte oder Brandstiftungen angewendet wird; zudem beginnen Mitarbeiter der ›Behavioral Science Unit‹ eine auf Jahre hinaus angelegte Reihe von psychologischen Interviews mit verurteilten Massenmördern. Die Ambition, in einer Verbrechensserie individuelle mentale Spuren zu destillieren, ist bei alldem unabdingbar an die Krankheit des Täters gebunden. Schon Louis Gold schrieb 1962: »Es wird allgemein angenommen, dass eine Person, die mit voller Absicht Brände legt, eine abnormale Tat begeht. […] Die

16

Wurzeln dieses widernatürlichen Verhaltens liegen tief in der Persönlichkeit des Täters und gehen auf sexuelle Störungen zurück.« Und Ault und Reese betonen in ihrem Aufsatz, es sei »von höchster Bedeutung, dass diese Ermittlungstechnik auf Kapitalverbrechen begrenzt wird, bei denen jedes erkennbare Motiv zunächst fehlt und genügend Anzeichen belegen, dass wir es mit einem psychopathischen Täter zu tun haben«.[13] ›Profile‹ werden also nur dort erstellt, wo kein evidenter Sinn aus dem Verbrechen spricht; sie sollen an den chaotischen Schauplätzen der Tat jene Rationalität und Vergleichbarkeit sichtbar machen, die das entrückte Wüten des Täters zunächst verstellt hat. »Psychologische Profile«, heißt es im Zusammenhang mit dem Serienbrandstifter unmissverständlich, »sollten nur in den Fällen entstehen, in denen der unbekannte Täter eine Form von Geistes-, Gefühls- oder Verhaltensstörung aufweist. Wenn die Tat keinen psychopathologischen Hintergrund zu erkennen gibt, lässt sich kein Profil erstellen.«[14]

Der Wahnsinn der Verbrecher ist für das FBI die Möglichkeitsbedingung des Täterprofils. Rasch erhöht sich die Anzahl der Delikte, bei denen die neue Ermittlungsmethode in den USA angewandt wird (im Jahr 1979 sind es nur 65 Fälle, 1980 schon mehr als 200); in Deutschland wird 1984 das erste Täterprofil nach Anfrage beim FBI in Auftrag gegeben.[15] Breite öffentliche Aufmerksamkeit erhält das Verfahren aber erst Anfang der 1990er Jahre, in Zusammenhang mit dem erfolgreichen Hollywood-Film *Das Schweigen der Lämmer*, in dem eine psychologisch geschulte FBI-Agentin einen Serienmörder überführt. Die Arbeit der ›Profiler‹ wird in der Folge dieses Films ein

Phänomen der Populärkultur. Einige der Veteranen aus der ›Behavioral Science Unit‹ des FBI, wie Robert Ressler oder John Douglas, veröffentlichen aufsehenerregende Memoiren; zudem steht diese Tätigkeit seit den späten neunziger Jahren im Zentrum zahlreicher Krimiserien im Fernsehen, wie *Criminal Minds, Millennium, Cracker* oder *Profiler*.

Was eine kurze Begriffsgeschichte des ›Profils‹ also sofort verdeutlicht, ist der Umstand, dass dieses Format ein knappes Jahrhundert lang Individuen in einer Prüfungs- oder Fahndungssituation beschrieben hat. Folgt man Michel Foucaults grundlegendem Befund, dass sich das Wissen vom Menschen seit dem späten 18. Jahrhundert vorwiegend von den randständigen Subjekten her entwickelt – dass die Fragen, wie seine Identität zu ermitteln oder sein Körper zu vermessen sei, in erster Linie von der psychiatrischen Erfassung des Kranken und vom kriminalistischen Zugriff auf den Verbrecher vorangetrieben wurden –, dann verdichtet sich diese Bewegung im Wissensformat des Profils. Sein Gegenstand ist ein Evaluierter oder Gejagter, seine Autoren sind Repräsentanten staatlicher, polizeilicher und wissenschaftlicher Autorität – in den ›Profilen‹ des 20. Jahrhunderts realisieren sich mit besonderer Deutlichkeit Beziehungen institutioneller Macht. Die Erfolgsgeschichte der Psychiatrie und Kriminalistik ließe sich in diesem Sinne anschaulich entlang der Genese ihrer Registrations- und Aufzeichnungstechniken erzählen.[16]

Auch in den älteren semantischen Kontexten des Begriffs ist diese Konstellation bereits angelegt. In seiner kunsthistorischen Bedeutung als Seitenansicht kommt das

›Profil‹ seit der zweiten Hälfte des 18. Jahrhunderts immer dann zum Einsatz, wenn bestimmte systematisierende und klassifizierende Erkenntniseffekte mit der Gesichtsdarstellung verbunden werden sollen. Der Schattenriss, die Silhouette im Profil, wird bei Johann Caspar Lavater von einem betulichen Kunstgewerbe zur Geheimschrift, deren Lektüre das Innere jedes Menschen aufzuschließen vermag. In seinem 1772 erschienenen Traktat *Von der Physiognomik* lässt Lavater keinen Zweifel daran, dass die Stiche oder Zeichnungen der betrachteten Personen die Seitenansicht des Gesichts zeigen müssen. Zum Beleg dieser These vergleicht er etwa eine physiognomisch relevante Profilzeichnung Montesquieus mit einem wenig aussagekräftigen Porträt und stellt fest, dass bei Letzterem »das Anschauen des Malers, und folglich die Aktivität der Muskeln [...] uns statt des natürlichen Zustandes größtenteils etwas Gezwungenes, Steifes oder Gespanntes darstellt«. Dieser Mangel der Frontalperspektive sei in der Profildarstellung behoben, weil jeder, der sich auf diese Weise zeichnen lässt, »größtenteils eben darum, weil ihn das Auge des Malers nicht regiert, natürlicher und freier schaut«.[17] Das Profilbild ermöglicht also größere Objektivität und damit bessere Interpretierbarkeit. Ganz ähnlich argumentiert gut hundert Jahre später der Pariser Kriminologe Alphonse Bertillon, als er sein neues Identifizierungssystem von Wiederholungstätern namens ›Anthropometrie‹ vorstellt, eine Reihe von Körpermessungen, die durch eine Profilfotografie der Delinquenten ergänzt wird. Es ist, schreibt Bertillon, »das Profil mit seinen genauen Linien in viel höherem Grade als das en-face-Bild geeignet, uns die bestimmte Individualität von jedem Ge-

19

sicht darzustellen«.[18] Dies läge vor allem an der exzellenten Identifizierbarkeit des Ohrs, dessen Gestalt bei jedem Menschen unterschiedlich sei und nicht durch willkürliche Mienenspiele während der fotografischen Aufnahme verzerrt werden könne. Lavaters und Bertillons Ausführungen machen deutlich, dass das Profil als Seitenansicht ähnliche Erkenntniseffekte über analysierte und klassifizierte Subjekte liefern soll wie später das tabellarische Schriftstück gleichen Namens.[19]

Der Siegeszug selbstverfasster Profile

Mit der Etablierung der digitalen Kultur im letzten Vierteljahrhundert geht eine massive Neubestimmung und Ausweitung des Formats einher. Wo es von Rossolimos Intelligenztests bis zu den Fahndungsmethoden des FBI um die Erfassung abweichenden Verhaltens ging, liegt die Aufgabe heutiger Profile meistens darin, die besondere Attraktivität, Kompetenz oder soziale Eingebundenheit der dargestellten Person herauszustreichen. Wie die Debatte um das Medienverhalten der Amokläufer von 2012 gezeigt hat: Das Format repräsentiert inzwischen eher das Normale als das Pathologische. Wie ist es zu dieser Verschiebung gekommen? In welchen Kontexten hat sich das erzwungene Signalement in ein bereitwillig erstelltes verwandelt?

Mitte der 1990er Jahre, als die Vernetzung und Interaktion von Computergeräten, ein Vierteljahrhundert lang einem überschaubaren Kreis von amerikanischen

Militärangehörigen und Hackern vorbehalten, zur welt-umspannenden Kommunikationsform namens Internet wird, verändern sich die technologischen Bedingungen zur Herstellung von Öffentlichkeit fundamental. Das rasante Wachstum des ›World Wide Web‹ und kommerzielle Webbrowser wie Netscape stellen für jeden Nutzer die Möglichkeit bereit, die eigene Person auch ohne die aufwendigen Produktionsmittel der Massenmedien publik zu machen. ›Kommunikation‹ online bedeutet von Beginn an also nicht nur die Beschleunigung des Austauschs zwischen bereits bekannten Adressaten (vom Brief oder Fax zur E-Mail), sondern auch die neue Adressierbarkeit zuvor Unbekannter in Gestalt von Foren und Plattformen im Netz.

In dieser neuen Sphäre digitaler Öffentlichkeit tauchen auch die ersten Spuren selbstverfasster Profile auf. Die Seite match.com etwa, heute von knapp dreißig Millionen registrierten Mitgliedern genutzt, nimmt Anfang 1995 als erste Online-Dating-Plattform überhaupt den Betrieb auf. Auf der frühesten Version der Website steht bereits die Aufforderung: »Werde Mitglied, indem du dein Profil erstellst«, und in einer Werbeanzeige des Unternehmens von 1996 heißt es: »Match.com – voller bezaubernder Profile der Mitglieder«.[20] Die Soziologin Eva Illouz hat die Funktionsweise des Online-Datings auf match.com und ähnlichen Plattformen in den vergangenen Jahren untersucht und auch das ›Profil‹ als Format der Selbstpräsentation in ihre vielgelesenen Analysen miteinbezogen. Jede Nutzerin und jeder Nutzer müssen bei der Registrierung Dutzende von Fragen zur äußeren Erscheinung beantworten, zu Interessen, Lebensstil und Werten, um den anderen Mitgliedern genügend Informationen und den Psychologen bei match.com standardisierbares Material zu liefern. Denn die Hoffnung auf den namensstiftenden ›Treffer‹ in der Masse möglicher Partner ist gleichbedeutend mit der Kompatibilität zweier Profile. Illouz ist in ihren Studien vor allem an der Ambivalenz der Plattformen zwischen Intimität und Marktöffentlichkeit, zwischen der Entblößung der Individuen und ihrer warenmäßigen Anpreisung interessiert.[21] Für eine Genealogie des Profil-Begriffs sind ihre bis zur Jahrtausendwende zurückreichenden Recherchen alleine deshalb von Bedeutung, weil sie erkennbar machen, wie früh sich dieses Format im Online-Dating bereits als zentrale Repräsentationsform des Selbst etabliert hat. Nur wenige Jahre zuvor war das ›Profil‹ noch ausschließlich als Bemächtigungsinstrument delinquenter Subjekte bekannt, doch im Online-Dating entfaltet es rasch seine volle Produktivität als Schauplatz der Selbstbeschreibung.

Knapp zwei Jahre nach der Markteinführung von match.com, im Januar 1997, stellt der Jurist Andrew Weinreich in Manhattan seine Idee zu einer Website namens six degrees.com vor. Nicht die Vermittlung potentieller Liebespartner ist das Ziel dieser Seite, sondern der Aufbau eines Netzwerks von Freunden und Bekannten. Auf Youtube hat sich ein unscharfes, von Tonproblemen durchzogenes Video dieser Präsentation erhalten, das bis zum Frühling 2017 die bescheidene Anzahl von 31 Aufrufen gesammelt hat, ungeachtet dessen, dass die 15-minütige Ansprache Weinreichs mit einigem Recht als der Geburtsmoment der Sozialen Medien im heutigen Sinne bezeichnet werden kann. ›Sixdegrees‹, von 1997 bis 2001 aktiv, war ein Online-Netzwerk, das zeitweise hundert Mitarbeiter und dreieinhalb Millionen Nutzer verzeichnete, aufgrund der langsamen, immobilen Internetverbindung Ende der neunziger Jahre und der Beschränkung der verfügbaren Daten auf Text aber keine durchschlagende Aufmerksamkeit hervorrief – anders als die 2002 und 2003 gegründeten Plattformen Friendster und MySpace, deren Nutzer zunehmend über Breitband-Internet und Digitalkameras verfügten und mit denen die weltumspannende Erfolgsgeschichte der Sozialen Medien beginnt.

»Die Möglichkeiten, sich zu vernetzen«, konstatiert Weinreich zu Beginn seiner Rede, »sind in den letzten zehn, fünfzig oder hundert Jahren gleichgeblieben. Das wollen wir heute ändern. Wir wollen Geschichte schreiben und Ihnen zeigen, was es von nun an heißt, ein Netzwerk zu bilden.«[22] Dieser selbstgewissen Ankündigung folgt eine Präsentation der Sixdegrees-Website, die tatsächlich alle Grundelemente der späteren, epochemachenden Sozialen Medien enthält. Im Zentrum steht das ›Profil‹ der Nutzer. Wenn die Assoziation mit diesem Format heute in erster Linie die Milliarden von Selbstbeschreibungen auf den Facebook-, LinkedIn- oder Instagram-Accounts meint, dann lässt sich in der Idee zu sixdegrees.com eine Art Prototyp erkennen.[23] Minuziös ausgearbeitet ist dieser Prototyp in einer Patentschrift mit dem Titel *Method and Apparatus for Constructing a Networking Database and System*, die Weinreich und seine Mitarbeiter zeitgleich mit der Freischaltung der Sixdegrees-Website einreichen. Welche Bedeutung der Kategorie des ›Profils‹ in dieser Schrift zukommt, lässt sich daran erkennen, dass das patentierte Computerprogramm die Registrierung eines neuen Nutzers, wie es heißt, vom Ausfüllen »einiger vorgeschriebener Elemente« im Profil abhängig macht. Diese umfassen unter anderem »Wohnort, Beruf und Geschlecht«. Ohne diese Vervollständigung sind die Funktionen des Netzwerks, das Hinzufügen von ›Freunden‹ oder die Suche nach Personen mit bestimmten Eigenschaften, nicht möglich. An anderer Stelle der Patentschrift, im Abschnitt ›Persönliches Profil bearbeiten‹, wird noch einmal betont, dass ein neues Mitglied des Netzwerks »verschiedene Informationen im Profil hinterlegen soll, zum Beispiel E-Mail-Adresse(n), Nachname, Vorname, Künstlername, Beruf, Wohnort, Hobbies, besondere Fähigkeiten, Fachkompetenzen und so weiter«. Die Fülle der Informationen über jeden Nutzer hat mit dem angestrebten Geschäftsmodell von sixdegrees.com zu tun, das darin besteht, »den Mitgliedern einen kostenfreien E-Mail-Dienst im Austausch gegen ein Profil zu bieten, das ihre Vorlieben beschreibt«. Jeder Nutzer von Sixdegrees soll künftig personalisierte, individuell zugeschnittene Werbung auf seiner Seite zu sehen bekommen.[24]

Was in diesem Urprogramm der Sozialen Medien 1997 also ›Profil‹ heißt, ist die Währung, die dem Betreiber künftig profitablen Handel ermöglichen soll. Kostenfrei kann der Dienst nur deshalb angeboten werden, weil jeder Nutzer beiläufig mit einem selbstverfassten biographischen Abriss bezahlt, der potentiellen Anzeigenkunden ein bis dahin ungekanntes Wissen über die Lebensumstände ihrer Adressaten erlaubt. Von Beginn an sind ›Profile‹ in der Geschichte der Sozialen Medien daher zweierlei: für die Mitglieder ein frei bespielbares Format der Selbstdarstellung, für das Unternehmen ein lukratives Reservoir, das eine Fülle von Daten über echte Menschen, echte Konsumenten enthält. Wie hoch die ökonomischen Erwartungen an dieses Reservoir sind, zeigt sich deutlich, als die Patentschrift, die Weinreich 1999 zusammen mit seinen Unternehmensanteilen veräußert hat, nach dem Ende der Sixdegrees-Seite von den neuen Besitzern zum Verkauf angeboten wird. Bei der Auktion im September 2003 bieten etliche Social-Media-Pioniere und Beteiligungsgesellschaften auf das Programm, und als es Reid Hoffmann, der Mitbesitzer eines nur wenige Monate zuvor gegründeten Netzwerks namens LinkedIn, für 700 000 Dollar erwirbt, bezeichnet er die Schrift als »bahnbrechende Social-Network-Formel«,[25] die für den ökonomischen und informatischen Ausbau seines eigenen Unternehmens Leitlinien liefert.

Andrew Weinreich gab der Plattform, die seiner Meinung nach die Möglichkeiten sozialer Vernetzung revolutionieren würde und der er auf prophetische Weise das Vermögen zugestand, »Hunderttausende, ja Millionen von Individuen zu umfassen«,[26] den Namen ›Sixdegrees‹. Im Jahr 1997 hat dieser Begriff einen vertrauten Klang, weil er ein Gedankenexperiment mit der jungen Praxis der Sozialen Netzwerke verbindet, das in den Jahren davor zu großer Popularität in den alten Medien Theater und Film kam. 1990 wird auf einer Kellerbühne am Broadway ein Stück namens *Six Degrees of Separation* uraufgeführt, das sich in den Jahren darauf als einer der größten Theatererfolge in den USA erweist und 1993 auch als gleichnamige Kinoversion für Aufsehen inklusive Oscar-Prämierung sorgt. Weinreich bezieht sich mit diesem Begriff also auf die Mitte der neunziger Jahre präsente Hypothese, dass zwei beliebige Menschen auf der Erde durch höchstens sechs Verbindungen miteinander bekannt sind.[27] In John Guares Theaterstück und Filmdrehbuch wird dieses Experiment am Beispiel zweier New Yorker Ehepaare durchgespielt, die Opfer eines Hochstaplers geworden sind, eines jungen Mannes, der sich als Sohn des Schauspielers Sidney Poitier und als Kommilitone ihrer Kinder an der Universität von Harvard ausgegeben hat. In *Six Degrees of Separation* geht es fortan um den Versuch der beiden Ehepaare, die Identität des Unbekannten und seine mysteriöse Beziehung zu ihren Kindern, die noch nie von ihm gehört haben, zu ermitteln. Aus heutiger Perspektive erscheint das Stück vor allem als Studie der Wissenserzeugung unter vordigitalen Bedingungen, denn was Suchmaschinen und Soziale Medien inzwischen nach wenigen Klicks präsentieren würden (hat Sidney Poitier einen Sohn? über welche Freundeskreise verfügen die Kommilitonen der Kinder?), muss die Gemeinschaft der betrogenen Familien durch langwierige Konsultationen herkömmlicher Medien zutage fördern: mit Hilfe der antiquarisch erworbenen Autobiographie Sidney Poitiers, der studentischen Jahrbücher in Harvard, schließlich der *New York Times*, in der ein befreundeter Journalist einen Artikel über das Vorgehen des Hochstaplers platziert.

Der Begriff ›Sixdegrees‹ für das erste Freundschafts-Netzwerk online ist von Weinreich also präzise gewählt. Denn die Kontingenz und wuchernde Ungreifbarkeit der sozialen Beziehungen, von denen das namensstiftende Theaterstück handelt, kann durch die neue Kommunikationstechnologie zumindest bis zum zweiten Grad gebändigt und produktiv genutzt werden. Als Format, das diese Bändigung verworrener Bekanntschaftsgeflechte organisiert, dient das ›Profil‹: ein Signalement, das jedes Mitglied samt Bekanntenkreis rasch und verlässlich identifizierbar macht. Im Zeitalter der Sozialen Medien, das ist die implizite Botschaft dieses Namens, wäre ein Hochstapler wie der vermeintliche Sohn Sidney Poitiers in Sekundenschnelle überführt. Profile behalten also auch in Zeiten der affirmativen Selbstbeschreibung ihre polizeilich nutzbare Funktion. Die ›Six Degrees of Separation‹ zwischen zwei beliebigen Menschen, am Vorabend der Digitalisierung sozialer Beziehungen noch Impuls einer dunklen Betrugsgeschichte, beginnen transparent und erfassbar zu werden.

Das ›Profil‹ in der Bewerbungskultur

Während Online-Dating-Seiten und Soziale Netzwerke das selbstverfasste Profil in der zweiten Hälfte der neunziger Jahre erstmals zum Vorschein bringen, taucht das Format kurze Zeit später in einem Kontext auf, der nicht genuin an das neue Medium Internet gebunden ist. Im Genre der Bewerbungshandbücher, das seit der Herausprägung einer spezifischen ›Bewerbungskultur‹, mit standardisierten Anforderungen, Prozessen und Unterlagen, auf dem Buchmarkt reüssiert, erhält dieser Begriff innerhalb weniger Jahre enorme Popularität. In Deutschland nehmen die Handbücher von Christian Püttjer und Uwe Schnierda seit einem Vierteljahrhundert eine dominante Stellung in der Bewerbungsliteratur ein; bis heute hat das Autorenteam ein Imperium aus über sechzig solchen Ratgebern errichtet, die *Souverän im Vorstellungsgespräch*, *Erfolgreich im Assessment-Center* oder – vielfach aufgelegtes Hauptwerk der Verfasser – *Das große Bewerbungshandbuch* heißen.

Dem Begriff des ›Profils‹ kommt in diesen Broschüren und Büchern schon am Ende der neunziger Jahre eine wichtige Rolle zu. So wird in dem frühen Ratgeber *Anschreiben und Lebensläufe für Hochschulabsolventen* die »Profillosigkeit« als größter Unzulänglichkeitsfaktor von Bewerbungen betont, und in einem Abschnitt namens ›Überzeugungsregeln‹ steht der Hinweis »individuelles Profil herstellen«[28] an vorderer Stelle. In diesen ersten Veröffentlichungen dient der Begriff aber noch nicht als Schlüsselwort und Grundlage der gesamten Bewerbungsschulung. Das ändert sich nach der Jahrtausendwende, als Püttjer und Schnierda die sogenannte ›Profil-Methode®‹ als eingetragenes Warenzeichen schützen lassen und ihre Bücher von nun fast immer mit diesem Begriff im Titel oder Untertitel publizieren.[29] Die Fokussierung auf das ›Profil‹ liegt laut Christian Püttjer vor allem an einer medientechnischen Umstellung auf dem Arbeitsmarkt, an der Etablierung der Online-Bewerbung um das Jahr 2000 herum, die mit einer Durchsetzung strenger formeller Standards verbunden ist und den Raum für narrative Elemente im Anschreiben verdrängt.[30] »Die modernen Anforderungen der Bewerbung«, heißt es daher zu Beginn des *Großen Bewerbungshandbuchs*, »lassen sich nur mit einem profilierten Auftritt in den Griff bekommen«. Alle Phasen der Arbeitsplatzsuche werden nun entlang dieser Basiskategorie organisiert: »Zeigen Sie Ihr Profil schon in der persönlichen Kontaktaufnahme, und lassen Sie es in Ihrer Bewerbungsmappe deutlich werden, präsentieren

Sie es in Telefonaten mit Ihrem Wunschunternehmen, und arbeiten Sie es im Vorstellungsgespräch sauber heraus. Und auch wenn man Sie zu einem Assessment-Center einlädt, werden Sie nur dann bestehen, wenn Ihr individuelles Profil sichtbar wird.«[31] Auf den 550 Seiten des *Großen Bewerbungshandbuchs* taucht der Begriff in zahllosen Varianten auf, als ›Qualifikationsprofil‹, ›Stellenprofil‹, ›Bewerberprofil‹, ›Kurzprofil‹ und in ähnlichen Kompositionen.

Doch wie muss ein »mit aussagekräftigen Stichworten verdichtetes individuelles Profil« aussehen, das den Arbeitssuchenden laut Püttjer und Schnierda »zum Ziel und damit in die Wunschposition führt«? In den drei ›Eckpfeilern‹ der Profil-Methode, die das Autorenteam zu Beginn jeder Veröffentlichung skizziert, fallen bestimmte Ambivalenzen ins Auge. Punkt drei, ›Glaubwürdigkeit‹, ermahnt die Bewerber: »Verbiegen Sie sich nicht, Ihre Persönlichkeit ist gefragt!«, aber diese Aufforderung zur möglichst authentischen Selbstdarstellung kontrastiert mit Punkt eins, der die ›Passgenauigkeit‹ der Anschreiben verlangt und von dem es heißt: »Je besser Sie in Ihrer Bewerbung auf die Anforderung der Stelle eingehen, desto höher ist Ihre Erfolgsquote. Machen Sie sich den Blick der Personalverantwortlichen zu eigen.«[32] In dieser doppelten Herausforderung, in diesem Widerstreit von aufrichtiger Innenschau und Anverwandlung der Arbeitgeberperspektive liegt vielleicht ein grundsätzliches Kennzeichen selbstverfasster Profile: Denn es ist ein Format, das gleichzeitig größtmögliche Individualität und größtmögliche Anschlussfähigkeit herstellen soll.

Insofern die Selbstbeschreibung also das Ziel hat,

einem vom Arbeitgeber vorgegebenen Umriss möglichst deckungsgleich zu entsprechen, nähern sich die heutigen, eigenständig verfassten Profile den im Namen der Psychotechnik oder Kriminalistik erstellten an. Der externe, auf den pathologischen Schüler oder unbekannten Straftäter gerichtete Blick des Psychotechnikers und Kriminalisten geht in den ›Bewerbungsprofilen‹ auf den Autor selbst über. Er muss in der Lage sein, sich mit den unbestechlichen Augen des Unternehmens zu erfassen, für das er künftig arbeiten will. Vor diesem Hintergrund ist es konsequent, dass Püttjer und Schnierda ihren Lesern bei der Erstellung des Profils den Ratschlag geben: »Werden Sie zum Detektiv in eigener Sache und durchleuchten Sie Ihre berufliche Vergangenheit!«[33] Die Bewerbungsspezialisten weisen also von sich aus darauf hin, dass die kriminalistische Investigation als Leitbild der Selbstdarstellung auf dem Arbeitsmarkt gelten kann. Zeitgenössische Profile, im Gestus souveräner Individualität verfasst, schmiegen sich einer vorgegebenen Passform an, und vermutlich ist es genau dieser Konflikt, der in den Bewerbungsratgebern eine auffällig widersprüchliche Metaphorik hervorbringt. Denn Profile müssen, wie Püttjer und Schnierda unermüdlich schreiben, »geschärft« sein oder »Konturen« haben, aber in den Handbüchern tauchen ebenso die Empfehlungen auf, die Bewerber sollten ihr »Profil abrunden« oder »sauber herausarbeiten«.[34] Im Durcheinander der Sprachbilder zeigen sich die paradoxen Anforderungen des Formats. Das ideale Profil soll konturreich und abgeschliffen zugleich sein, ein einzigartiges Individuum repräsentieren und restlose Anpassung gewähren.

Konstanten der Fremdsteuerung

Heute, zwanzig Jahre nach dem Aufkommen der Sozialen Medien und der endgültigen Etablierung der Bewerbungsliteratur, ist das ›Profil‹ eine so unwidersprochene wie omnipräsente Subjektivierungsform. Auf dem Arbeitsmarkt haben Netzwerke wie LinkedIn oder Xing mit Hunderten Millionen Mitgliedern dazu geführt, dass sich Selbstpräsentation im Berufsleben mit struktureller Notwendigkeit über die Online-Profile der Nutzer vollzieht. In einem Milieu wie der Universität steht inzwischen jede Mitarbeiter-Homepage, jeder Forschungsantrag, jede Projektbeschreibung im Zeichen möglichst eindrucksvoller ›Forscherprofile‹ oder ›Antragstellerprofile‹. Die Anlage und Pflege persönlicher Profile in den Sozialen Medien schließlich ist wie beschrieben zum Indikator von psychischer Gesundheit geworden. Das Format erscheint also in sämtlichen professionellen und privaten Bereichen als getreuer, souverän bedienbarer Repräsentant des Selbst, und die Rede vom eigenen ›Profil‹ geht den Menschen überall ohne Stocken von den Lippen.

Und doch überdeckt diese Erfolgsgeschichte den Umstand, dass sich das Format nicht nur als humanwissenschaftliches Normierungs- und Disziplinierungsinstrument herausgebildet hat, sondern dass es zweifellos auch bis heute, parallel zum Siegeszug der selbsterstellten Profile, weiterhin und mehr denn je im Sinne der Fremdbeschreibung und Fremdsteuerung wirksam ist. Den neuen Subjektivierungseffekten des Profils steht in der digitalen Kultur eine vielgestaltige Tendenz entgegen, die Individuen zum Objekt standardisierter und vernetzbarer Datenerfassung macht. Begriffe wie ›Benutzerprofil‹, ›Persönlichkeitsprofil‹ oder ›Kundenprofil‹ meinen eben nicht allein die aktiv und freiwillig zur Verfügung gestellten Daten *des* Benutzers, sondern genauso auch die von Unternehmen, Behörden oder Agenturen weitgehend unbemerkt erstellten Daten *über* den Benutzer: eine Erhebungspraxis, die weitaus älter ist als die junge Geschichte selbstgestalteter Profile.[35]

Als ein zentraler Schauplatz dieses Verfahrens hat sich in den letzten 15 Jahren das Marketing erwiesen. Vor der Etablierung der Sozialen Netzwerke war die Adressierung möglicher Kunden auf die groben, nur in eine Richtung fließenden Kanäle der Massenmedien angewiesen. Die Anzeigen und Werbespots in Presseerzeugnissen, Radio und Fernsehen hatten dadurch für alle Leser, Hörer oder Zuschauer die gleiche Gestalt, und die Durchschlagskraft eines neuen Slogans, einer neuen Kampagne war an die Hoffnung der Unternehmen gebunden, dass das schöpferische Genie der Werbeagentur einen möglichst großen Kreis von Konsumenten ansprechen würde. Durch die Fragmentierung des Mediensystems in der digitalen Kultur, in dem jeder Nutzer Konsument und Produzent zugleich ist, hat sich diese namenlose Masse in eine Vielzahl individuell adressierbarer Personen verwandelt. ›Marketing‹ heißt unter den neuen technologischen Bedingungen, immer feinere Zielgruppen zu definieren und im Idealfall sogar den einzelnen Kunden selbst mit maßgefertigten Informationen anzusprechen. Das Profil ist in dieser Kommunikationssituation der Ort, an dem die Absender von Werbebotschaften Daten über die Adressaten erstellen und einsehen können.

Dass sich das Verhältnis von Unternehmen und gezielt identifiziertem Konsumenten hierdurch dem von Kriminalpsychologie und Straftäter annähert, haben die Marketingspezialisten selbst bemerkt und sogar pointiert herausgestellt. Seit dem Jahr 2003 etwa bietet der deutsche Unternehmensberater Andreas Wenzlau ein Angebot namens *KundenProfiling* an, abgeleitet von dem schon länger gebräuchlichen Begriff des ›consumer profiling‹[36] in den USA. Als Logo der Website und als Umschlagbild des im Selbstverlag veröffentlichten Handbuchs dient konsequenterweise ein vergrößerter Fingerabdruck. Wenzlau, so das Vorwort des Handbuchs, habe »die Strukturen der Profilingarbeit der Kriminalistik mit heutiger Vertriebsarbeit« verglichen und »sehr interessante Parallelen« entdeckt. »In der Auseinandersetzung mit der Fragestellung um Kunden, Akquisition und Marketing reifte die Idee: Man bräuchte neue Wege und Möglichkeiten, die tatsächlichen Handlungsmotive der Kunden zu verstehen. *Man müsste in den Köpfen der Kunden spazieren gehen können!*«.[37] Die Wortschöpfung des ›Kundenprofiling‹ spricht allerdings nur explizit aus, was mit dem Aufkommen von Suchmaschinen, Sozialen Netzwerken oder Online-Dienstleistern ohnehin zu einem grundlegenden Geschäftsmodell in der digitalen Kultur geworden ist. Weltkonzerne wie Google und Facebook haben ihre Imperien bekanntlich auf dem schon von Andrew Weinreich formulierten Versprechen errichtet, dass Werbeanbieter die Gestalt und Frequenz ihrer Anzeigen mit bislang undenkbarer Variabilität auf einzelne Nutzer zuschneiden können. Im Jahr 2007 etwa führte eine von Google patentierte Methode zu langen öffentlichen Debatten, die es dem Unternehmen ermöglicht, aus dem Verhalten von Computerspielern ein zuverlässiges ›Benutzerprofil‹ zu gewinnen. Die Länge des Aufenthalts auf den Gaming-Plattformen des Konzerns und die individuelle Spieltaktik sollen Aufschlüsse über die Konsumvorlieben des Nutzers geben und dadurch möglichst effektive, zu besonderen Zeitpunkten eingesetzte Werbung ermöglichen.[38]

Dieses in ›Profilen‹ gebündelte Wissen der Konzerne hat in den vergangenen 15 Jahren spezifische Fragen des Datenschutzes hervorgerufen. In einem Land wie Deutschland, das seit den frühen 1980er Jahren komplexe verfassungsrechtliche Vorgaben zur ›informationellen Selbstbestimmung‹ entwickelt hat, wurde die Herausbildung des Formats früh von kritischen Kommentaren begleitet. Die Juristin Petra Wittig formuliert in einem Artikel über *Persönlichkeitsprofile zu Marketingzwecken* schon im Jahr 2000 schwerwiegende »rechtliche Bedenken« gegen diese Form der Datenverarbeitung, und sie betont ihre juristische Überzeugung, dass sogar das Einverständnis der Kunden nichts an dieser Problematik ändern würde. Denn das Selbstbestimmungsrecht des Einzelnen verliert Wittig zufolge dort seine Gültigkeit, »wo die persönliche Integrität uneingeschränkt zur Disposition des an den Daten Interessierten gestellt ist«. Die Anlage von ›Benutzerprofilen‹ im Marketing müsse daher mit Blick auf das Grundrecht zur ›informationellen Selbstbestimmung‹ prinzipiell verboten werden.[39] Dieser frühen Kritik zum Trotz ist die nähere juristische Bestimmung des Formats in den Jahren darauf aber ausgeblieben. Wie Christoph Schnabel in seiner umfassenden Abhandlung zum Profil-Begriff im Datenschutz von 2009 schreibt, hat es bis zu diesem Zeitpunkt »keinen einzigen Fall in der Rechtsprechung« gegeben, »in dem die Erstellung eines Profils als rechtswidrig behandelt wurde«. Das Format des Benutzerprofils stellt laut Schnabel bis zum Jahr 2009 »keinen Rechtsbegriff«[40] dar – eine Lücke, die sich erst in jüngster Zeit geschlossen hat. Im April 2016 tritt die lange diskutierte, von der Balance zwischen Handelsfreiheit und juristischer Stabilität geprägte *Datenschutz-Grundverordnung* der Europäischen Union in Kraft. In dieser Verordnung, die die bislang heterogene Rechtsprechung der einzelnen Mitgliedsstaaten vereinheitlichen soll, sind die Begriffe ›Profil‹ und ›Profiling‹ erstmals datenschutzrechtlich definiert; sie bezeichnen nun »jede Art der automatisierten Verarbeitung personenbezogener Daten«, die dazu verwendet wird, »um bestimmte persönliche Aspekte, die sich auf eine natürliche Person beziehen, zu bewerten, insbesondere um Aspekte bezüglich Arbeitsleistung, wirtschaftliche Lage, Gesundheit, persönliche Vorlieben, Interessen, Zuverlässigkeit, Verhalten, Aufenthalt oder Ortswechsel dieser natürlichen Person zu analysieren oder vorherzusagen«. Zu den »Grundsätzen einer fairen und transparenten Verarbeitung« von persönlichen Daten gehöre es laut EU-Recht fortan, »dass die betroffene Person über die Existenz des Verarbeitungsvorgangs und seine Zwecke unterrichtet wird«. Datenerfassende Unternehmen oder Agenturen müssen »die betroffene Person darauf hinweisen, dass Profiling stattfindet und welche Folgen dies hat«.[41]

Auch den Autoren der *Datenschutz-Grundverordnung* ist jedoch bekannt, dass das Wissen der ›Profile‹ inzwischen nicht mehr allein von Konzernen gesammelt, sondern vor allem auch von den einzelnen Nutzern selbst erstellt wird. In einer Vorbemerkung heißt es daher: »Die Verordnung gilt nicht für die Verarbeitung von personenbezogenen Daten, die von einer natürlichen Person zur Ausübung ausschließlich persönlicher und familiärer Tätigkeiten und somit ohne Bezug zu einer beruflichen oder wirtschaftlichen Tätigkeit vorgenommen wird.« Als solche Tätigkeit sei etwa »die Nutzung sozialer Netzwerke« zu betrachten.[42] Abgesehen davon, dass hier jene fragile Grenze zwischen »persönlichen« und »beruflichen« Aktivitäten im Netz aufrechterhalten wird, deren Durchlässigkeit ja gerade die vielfältigen Ökonomisierungsweisen des Privaten in der digitalen Kultur hervorgebracht hat, macht diese Passage die ganze Ambivalenz des heutigen Profil-Begriffs deutlich. Für das Menschenbild der Datenschützer ist das Verhältnis zwischen dem übergestülpten ›Profil‹ und dem verfassungsrechtlich geschützten Kern der ›Persönlichkeit‹ des einzelnen Menschen niemals deckungsgleich. ›Profiling‹ gilt als äußerlicher Akt der Zuschreibung, was Christoph Schnabel noch im Jahr 2009 die Überzeugung verleiht, »dass aus Sicht der Wirtschaft die Selbstbestimmung des Kunden in Bezug auf Profile im diametralen Gegensatz zu den Interessen der Unternehmen steht«.[43]

Diese Konstellation hat sich vollständig gewandelt. Über ihre Profile bemühen sich die Nutzer der Sozialen Medien im Gegenteil darum, die eigene Persönlichkeit Tag für Tag kongruent abzubilden, und in diesem selbstbestimmten Akt liefern sie den Konzernen und ihren Werbekunden beiläufig eine Fülle an Informationen. Aktiver und passiver Zugriff auf das Format ergeben eine merkwürdige, mit den herkömmlichen Kategorien der Datenschützer nicht mehr zu begreifende Allianz. In den heutigen Profilen auf Facebook, LinkedIn oder Instagram verquicken sich Selbstdarstellung und Fremdsteuerung, Subjektivierung und Objektwerdung auf unauflösbare Weise, und es beginnt sich erst langsam abzuzeichnen, welche neuen Formen von sozialer und politischer Öffentlichkeit aus dieser Allianz erwachsen. Ein Vorschlag wie der von Petra Wittig jedenfalls, auch die Erstellung freiwilliger ›Profile‹ juristisch zu untersagen, ist zwar erst 15 Jahre alt, scheint aber aus einer fernen Zeit zu stammen.

Um einen Eindruck zu erhalten, wie nahe sich in heutigen ›Profilen‹ autonome Gestaltung und Fremdauswertung kommen, bieten die Studien des amerikanischen Psychologen Michal Kosinski aufschlussreiches Material. Seit dem Jahr 2011 hat er mit seinen Mitarbeitern zahlreiche Artikel veröffentlicht, in denen es darum geht, anhand von Twitter- oder Facebook-Profilen verlässliche, die aufwendigen Methoden der Persönlichkeitspsychologie bestätigende Aussagen über Personen zu treffen. Kosinski bezieht seine Profil-Analysen auf das sogenannte ›Big-Five‹- oder ›Fünf-Faktoren-Modell‹, das spätestens seit den Arbeiten von Lewis Goldberg Ende der 1980er Jahre zu einem maßgeblichen Testverfahren der empirischen Persönlichkeitspsychologie geworden ist. Das Big-Five-Modell unterteilt individuelle Regungen und Emotionen in fünf Grundmerkmale und glaubt, mit Hilfe standardisierter Befragungen das Verhältnis dieser Merkmale im Verhalten der Probanden bestimmen und auf diese Weise eine Taxonomie menschlicher ›Persönlichkeit‹ errichten zu können.

Kosinskis vieldiskutierte These ist es nun, dieses Wissen auf wesentlich raschere, aber ebenso präzise Weise durch die Analyse von Social-Network-Profilen zu gewinnen. In einem ersten Artikel von 2011 weist er anhand einer kleineren Kohorte von wenigen Hundert Nutzern nach, dass die wichtigsten Elemente des Twitter-Profils – die Anzahl der Follower, die Zahl derer, denen der Nutzer folgt, und die Anzahl der Tweets – genügen, um eine Persönlichkeitsbestimmung nach dem Fünf-Faktoren-Modell zu unternehmen, deren Ergebnisse der tatsächlichen Analyse mit einer Wahrscheinlichkeit von mehr als neunzig Prozent entspricht. Das Twitter-Profil reicht laut Kosinski also aus, um den Persönlichkeitstyp des Nutzers – ob er als eher ›aufgeschlossen‹, ›gewissenhaft‹, ›gesellig‹, ›kooperationsbereit‹ oder ›empfindlich‹ einzustufen sei – zuverlässig vorherzusagen.

In den Jahren darauf weiten der Psychologe und seine Mitarbeiter die Größe der Untersuchungen immer mehr aus, laden Hunderttausende von Social-Media-Nutzern über eine eigens gestaltete Facebook-Seite namens ›myPersonality‹ dazu ein, eine ›Big Five‹-Persönlichkeitsanalyse erstellen zu lassen, und gleichen die Resultate anschließend mit den Profilen der Nutzer ab. Im Jahr 2013 veröffentlichen sie eine Studie, die den Persönlichkeitstyp der knapp 60 000 Probanden an die Auswertung ihrer ›Likes‹ auf Facebook koppelt, also ihrem Zustimmungsverhalten zu Kommentaren oder geteilten Produkten, Texten, Fotos und Videos. »Wir können zeigen«, heißt es in dem Aufsatz, »dass durch dieses Material eine Reihe von hochsensiblen persönlichen Merkmalen automatisch und präzise vorhergesagt werden kann, unter anderem die sexuelle Orientierung, die ethnische Herkunft, religiöse und politische Anschauungen, das Alter und das Geschlecht.«[44] Aus dem Verhalten der Nutzer, das auf ihren Profilen einsehbar ist, lässt sich den Autoren zufolge etwa mit knapp 90-prozentiger Wahrscheinlichkeit ermitteln, ob die betreffende Person hetero- oder homosexuell ist, und mit rund 85-prozentiger Wahrscheinlichkeit, ob sie demokratisch oder republikanisch wählt.

Michal Kosinski betont gleich im ersten Satz seiner Untersuchung von 2013, dass es vor allem die »leichte Zugänglichkeit« der Daten sei, die seine Methode im Vergleich zu den komplexen Verfahren schulpsychologischer Persönlichkeitsanalyse so attraktiv mache. Dank der Einfachheit der Datengewinnung über Profile würde diese Art der Erhebung auch »vielfältige Anwendungsmöglichkeiten für die Zukunft versprechen, unter anderem für das Marketing«.[45] Diese Ambition wurde Ende 2016, nach der Wahl Donald Trumps zum Präsidenten der USA, auf weitreichende, von der akademischen Persönlichkeitspsychologie vermutlich nicht in Betracht gezogene Weise in die Tat umgesetzt. Die britische Kommunikationsagentur ›Cambridge Analytica‹ sorgte mit der Hypothese für Aufsehen, sie habe auf der Basis von Kosinskis Profil-Analysen durch individuell zugeschnittene Facebook-Botschaften präzise berechneten Wahlkampf für Donald Trump betreiben können und das unerwartete Ergebnis damit maßgeblich beeinflusst. »Wenn man die Persönlichkeit jedes einzelnen Wählers gut genug kennt«, so der ›Cambridge Analytica‹-Vorstand Alexander Nix auf einer Wahlkampfveranstaltung im Sommer 2016, »kann man die Botschaften viel besser nuancie-

ren und in den wichtigsten Zielgruppen stärkeren Nach-
hall hervorrufen.«[46] Die Agentur lud nach dem Vorbild
Kosinskis Millionen von Wahlberechtigten über Facebook
zu Persönlichkeitstests ein; von den Ergebnissen leitete sie
schließlich die Ausrichtung der versendeten Informationen ab.

Über den tatsächlichen Einfluss dieses sogenannten
›Targetprofiling‹-Verfahrens auf den Ausgang der amerikanischen Präsidentschaftswahl ist in den vergangenen
Monaten eine lange Auseinandersetzung unter Journalisten und Medienwissenschaftlern entstanden. Doch
ungeachtet dessen, wie tief und verlässlich das politische
Marketing von ›Cambridge Analytica‹ und vergleichbaren
Agenturen das Wahlverhalten wirklich geprägt hat: Bedeutsam für die hier untersuchten Fragen ist der Umstand,
dass die Analysen von Kosinski das Oszillieren des ›Profils‹ zwischen Autonomie und Fremdsteuerung in besonderer Deutlichkeit zeigen. Mit einer etwas altmodischen
Vokabel der politischen Kritik könnte man das Vorgehen
der Targetprofiler als ›Manipulation‹ der Wähler bezeichnen. Doch es ist kennzeichnend für die Subjektivierungs-
formen der digitalen Kultur, dass die Eingriffe genau über
jenes Format choreographiert werden, das einem hohen
Prozentsatz der Menschen seit gut zehn Jahren als souveräner Ort der Selbstpräsentation gilt.

Cyberspace und Profil:
Vom entgrenzten zum erfassten Selbst

Die dominante Rolle des ›Profils‹ in der digitalen Kultur ist nicht zuletzt deshalb aufschlussreich, weil es eine Repräsentationsform des Selbst etabliert hat, die als Antithese zu den Subjektentwürfen in der Frühzeit des Internets verstanden werden kann. Mitte der neunziger Jahre sind die Diagnosen eines neuen Medienzeitalters zumeist an eine emphatische Rede vom Selbst und seinen neuen Entfaltungsmöglichkeiten in der virtuellen Sphäre des Netzes gekoppelt. Maßgebliche Autorinnen und Autoren dieser Zeit, wie Howard Rheingold, Sherry Turkle, John Perry Barlow oder Nicholas Negroponte, stellen dabei gerade die Aspekte von Entgrenzung, Maskerade und Multiplizität in den Vordergrund, wenn sie über Subjektivierungsweisen im Internet schreiben. Sherry Turkle etwa betont in ihren Untersuchungen wiederholt, dass Identität online, zum Beispiel in beliebten Rollenspielen wie den ›Multi-User Dungeons‹, »nicht nur dezentriert, sondern unendlich multipel« sei. Das Subjekt der Nutzer müsse über Kategorien wie »Differenz, Heterogenität und Fragmentierung« verstanden werden. »In unseren elektronischen Selbstdarstellungen«, so Turkle, »haben wir grenzenlose Möglichkeiten, *viele* zu sein.« Howard Rheingold, der Anfang der neunziger Jahre den Begriff der ›Virtual Community‹ prägt, plädiert in seinem vielgelesenen Buch gleichen Namens ebenso für die »fluide Identität« im Internet; er berichtet von seinen langjährigen Aktivitäten in frühen Netzwerken wie dem ›Whole Earth ’Lectronic Link‹ (›WELL‹), deren Mitglieder – vergleichbar mit den

Rollenspielen, die Turkle beschreibt – nur unter ›Nicknames‹ angemeldet sind, damit ihre Identität verschleiert oder multipliziert werden kann. Diese Flüchtigkeit des Online-Selbst ist auch zentrales Argument des prominentesten Manifests in der Frühzeit des Internets, John Perry Barlows im Februar 1996 verkündeter *Unabhängigkeitserklärung des Cyberspace*. »Unsere Identitäten haben keine Körper, daher können wir im Gegensatz zu euch nicht durch körperliche Gewalt reglementiert werden«,[47] heißt es in diesem Text, einer Reaktion auf die am gleichen Tag von Bill Clinton unterzeichnete Reform des Telekommunikationsgesetzes in den USA, die unter anderem eine stärkere Regulierung und Überprüfung von Website-Gehalten vorsah. Das Subjekt in den Gründungsjahren der digitalen Kultur: eine unfassliche, amorphe Kategorie.

Ganz Ähnliches gilt auch für die frühen Raummetaphern des Internets, ebenjenes Konzept des ›Cyberspace‹, das Barlow in seiner Neudeutung des Begriffs aus William Gibsons Roman *Neuromancer* entwirft. Der Cyberspace ist ein egalitärer, immaterieller, polizeilich und staatlich nicht zu erfassender Raum, »jenseits aller Regierungskontrolle«,[48] wie Fred Turner in seinem bedeutenden Buch über die Entstehung digitaler Utopien in Kalifornien sagt. Diese Entgrenzungsphantasien virtueller Identitäten und Räume werden von Barlow, der wie fast alle Pionierfiguren der Bewegung aus dem Milieu der kalifornischen Gegenkultur stammt, mit den LSD-Erfahrungen der 1960er- und 1970er-Jahre assoziiert. Auch die schrankenlose Online-Welt ermögliche einen psychedelischen Trip – hergestellt nicht mehr durch synthetische Drogen, sondern durch Informationstechnologie: »Computer waren die neue Form von LSD.«[49] Die vordringliche, utopisch aufgeladene Qualität dieser Sphäre liegt Barlow zufolge darin, dass sie nicht verzeichnet und kontrolliert werden kann: eine Eigenschaft, die seine zweite wirkungsmächtige Raummetapher für das Internet dieser Jahre hervorbringt, die ›electronic frontier‹. So wie die europäischen Einwanderer im Lauf des 19. Jahrhunderts die Grenze zum Westen der USA immer weiter verschoben, betreten auch die frühen Online-Nutzer unerschlossenes Neuland, das, wie es in der *Unabhängigkeitserklärung des Cyberspace* heißt, seinen Bewohnern »authentische Identität«[50] ermöglichen soll.

Es ist ersichtlich, dass diese Phantasien eines fluiden, multiplen Selbst im entgrenzten Raum, wie sie die Anfangsjahre des Internets hervorgebracht haben, in den vergangenen zwanzig Jahren verblasst sind. Ein ganz anderes Konzept, eine ganz andere Genealogie des Netzes und der in ihm versammelten Subjekte ist an ihre Stelle getreten. Das ›Profil‹ – im Online-Dating und in der Bewerbungskultur fast gleichzeitig wie die wortmächtigen Theorien Rheingolds, Turkles oder Barlows aufgekommen – setzt diesen Imaginationen des Flüchtigen ein Format entgegen, das ganz auf Struktur, Berechenbarkeit, Standardisierung ausgerichtet ist. In den zentralen Verfahren der Selbstpräsentation und Selbsterkenntnis, die sich in der digitalen Kultur seitdem ergeben haben, stehen Subjekt und Raum gerade im Zeichen präziser Erfassbarkeit. Um die Kluft zwischen diesen beiden Konzepten zu veranschaulichen, ließen sich die leidenschaftlichen Plädoyers für das multiple Selbst Mitte der neunziger Jahre etwa mit den Richtlinien des größten Sozialen Netzwerks und seinen inzwischen über zwei Milliarden aktiven Mitgliedern vergleichen. Die Rubrik ›Registrierung und Kontosicherheit‹ beginnt mit der Aufforderung: »Facebook-Nutzer geben ihre wahren Namen und Daten an.« Zu den weiteren »Verpflichtungen«, die jedes Mitglied mit seiner Anmeldung eingeht, gehören die Punkte: »Du wirst keine falschen persönlichen Informationen auf Facebook bereitstellen«, »Du wirst nur ein einziges persönliches Konto erstellen« und »Du wirst dafür sorgen, dass deine Kontaktinformationen stets korrekt sind und sich auf dem neuesten Stand befinden.«[51]

Facebook-Gründer Mark Zuckerberg hat selbst betont, dass der spektakuläre Erfolg seines Unternehmens, der Triumph über das anfangs übermächtige Konkurrenznetzwerk MySpace, eng mit dem Beharren auf der einheitlichen, unhintergehbaren Identität der registrierten Nutzer verbunden gewesen sei. In seinen 2010 publizierten Gesprächen mit dem Wirtschaftsjournalisten David Kirkpatrick interpretiert er gerade die Indifferenz der MySpace-Betreiber, was die Anzahl und Echtheit der ›Profile‹ eines Mitglieds betraf, als entscheidende Schwachstelle und Angriffsmöglichkeit: »MySpace war es egal, wer du bist!« Sein eigenes prosperierendes Netzwerk habe dagegen von Anfang an festgesetzt, dass jeder Nutzer nur ein einziges ›Profil‹ anmelden dürfe, und das nur unter dem Realnamen. »Man hat *eine* Identität«, sagt Zuckerberg in Kirkpatricks Buch immer wieder, und er spricht vom »Mangel an Integrität«, der mit der Erstellung vielfältiger und fiktiver Profile bei MySpace verbunden sei. »Auf Facebook«, so sein Credo, »kannst du nur dein wahres Selbst sein!«[52] Zweifellos hat dieser Echtheits-Imperativ eher handfeste kommerzielle als philosophische Gründe, weil das Unternehmen seinen Werbekunden von Anfang an eine lukrative Masse tatsächlicher Namen und Adressen anbieten konnte. Doch für das Menschenbild der digitalen Kultur, für das Verschwinden der frühen Reden vom multiplen Subjekt markiert dieses Mantra des »wahren Selbst« eine bedeutsame Schwelle: Denn das anonyme oder maskierte Ich weicht einem verlässlich identifizierten; die »authentische Identität« Barlows im Cyberspace ist wenige Jahre nach ihrer Verkündung von einer fluiden zu einer erkennungsdienstlich behandelten Kategorie geronnen.

In seinem Buch *From Counterculture to Cyberculture* umgrenzt Fred Turner den von ihm beschriebenen Übergangsprozess mit zwei historischen Eckdaten: den Protesten auf dem Campus von Berkeley 1964, bei denen die Studenten IBM-Lochkarten um den Hals trugen, um ihre Ohnmacht gegenüber der Maschinerie der Universität zu symbolisieren, und dem Erscheinen von Manifesten wie Negropontes *Total Digital* oder Barlows *Unabhängigkeitserklärung* Mitte der 1990er Jahre. Turners Leitfrage ist es, wie sich Informationstechnologie innerhalb von dreißig Jahren von einer bedrohlichen, subjekthemmenden Kraft zu einer Sphäre der sozialen Utopie und individuellen Befreiung entwickeln konnte. Die hier angestellten Überlegungen zum Status des Selbst in der digitalen Kultur beschreiben eine Art Fortsetzung und Umkehr dieser Transformation – Entwicklungen, die Turner, der sein Buch vor dem Aufkommen der Sozialen Medien abschloss, nicht berücksichtigen konnte. Denn es ist das vielleicht irritierendste Kennzeichen im aktuellen Verhältnis von Subjektbildung und digitaler Medientechnologie, dass die Freiheitsversprechen der Pionierjahre zwar weiterhin die ideologische Grundlage aller neuen Geräte und Dienste liefern (jede Apple-Präsentation, jede Ausweitung der Sharing-Kultur ein Echo der ›Virtual Community‹), die Verfahren der Individualisierung aber, wie die Karriere des ›Profil‹-Begriffs zeigt, nicht mehr darauf abzielen, das Subjekt zu zerstreuen, sondern dingfest zu machen.

2. Orten: GPS und die Ästhetik des Verdachts

Mobiltelefone, deren Neuheit anfangs in der Ortsunge-
bundenheit des Gebrauchs lag, definieren sich in der aktuellen Gestalt des ›Smartphones‹ gerade auch über die Bestimmbarkeit ihrer Position. Das kleine Gerät in der Hand
dient inzwischen nicht mehr allein dazu, Telefongesprä-
che zu führen, Nachrichten zu senden oder sich im Internet zu bewegen, sondern ebenso zur präzisen Ermittlung
und Weitergabe des eigenen Standorts; jene Gewandtheit
also, die dem Mobiltelefon vor einem guten Jahrzehnt eine
neue Vorsilbe verlieh, bezeichnet vor allem das Vermögen,
seinen Besitzer zu lokalisieren. Der Gebrauch des Smartphones überwindet den Raum und kartographiert ihn im
selben Moment.

Wie stark das Angebotsspektrum heutiger Mobiltelefone von Technologien der Ortung geprägt ist, zeigt schon
ein erster Blick auf das bunte Mosaik aus Icons auf dem
Bildschirm. Unter den vorinstallierten, nicht löschbaren
Symbolen befinden sich Dienste wie ›Karten‹ oder ›Wet-
ter‹, die für die Dauer des Gebrauchs die geographische
Position des Nutzers angeben; an einem kleinen Zeichen
am oberen Rand des Displays, dem sogenannten Nord-
pfeil, ist die Aktivierung der Ortungsfunktion ablesbar.
Um die vollständige Auswahl dieser ›standortbezogenen

Dienste‹ und die Steuerungsoptionen des Nutzers auf-
zurufen, muss man sich allerdings in tiefer liegende, vom
alltäglichen Gebrauch kaum berührte Schichten des Betriebssystems vorbewegen. Es ist eine Art Close Reading
des Mobiltelefons erforderlich, um sie freizulegen. Im
iPhone 5 s etwa, einem der meistbenutzten Smartphones
der Gegenwart, führt das Anklicken des Symbols ›Einstellungen‹ über das Feld ›Datenschutz‹ zu dem Bereich
›Ortungsdienste‹, in dem zum einen entschieden werden
kann, diese Funktion grundsätzlich an- oder auszuschalten, und zum anderen eine Liste aller vorinstallierten und
selbständig hochgeladenen Anwendungen erscheint, die
eine Standortbestimmung vornehmen können. Am Ende
dieser Liste führt ein Feld namens ›Systemdienste‹ auf eine
weitere Auswahl interner Ortungsfunktionen des iPhones,
zum Beispiel auf den Dienst ›Häufige Orte‹, der mehrfach
vom Nutzer aufgesuchte Gegenden, nach Adresse, Da-
tum und Uhrzeit geordnet, auflistet und in eingeblendeten Stadtplänen markiert. Hier, in der vom Basissymbol
›Einstellungen‹ aus gerechnet sechsten Tiefenschicht des
Betriebssystems iOS 8.2, verzeichnet das Gerät also ein
umfassendes, etwa sechs Wochen zurückreichendes Bewegungsprotokoll des Nutzers, eine Art Autogeographie. In
den begleitenden Hinweisen *Über Ortungsdienste & Datenschutz* schreibt Apple über diesen Dienst: »Ihr iPhone
merkt sich die Orte, die Sie kürzlich besucht haben, sowie
wann und wie häufig, um zu lernen, welche Orte für Sie
wichtig sind. […] Anhand dieser Daten können Ihnen individuell angepasste Dienste, wie z. B. Routenvorschläge,
angeboten werden.«

Für die Verfahren der Ortung einzelner Personen lässt

sich eine ähnliche Genealogie beobachten wie im Zusammenhang mit der Begriffs- und Funktionsgeschichte des ›Profils‹. Ein Erkenntnisinstrument, das vor etwa 15 Jahren vorwiegend im polizeilichen und strafrechtlichen Kontext bekannt war, ist in der digitalen Kultur zu einer allgegenwärtigen, so beiläufig wie selbsttätig genutzten Wissenstechnik geworden. Welche Voraussetzungen mussten noch am Ende des 20. Jahrhunderts gegeben sein, um den genauen Aufenthaltsort eines Menschen aus der Ferne zu ermitteln und dauerhaft zu verfolgen? Der technische Aufwand, die Kosten und das Problem der juristischen Legitimität erlaubten dieses Verfahren nur bei Personen, gegen die der wohlbegründete Verdacht vorlag, schwere Straftaten zu begehen oder vorzubereiten. (In Kriminalfilmen und Polizeiserien um das Jahr 2000 gehört dieses Bild zu den wiederkehrenden Motiven: Wie die Ermittler, die zuvor einen Sender am Auto des Verdächtigen angebracht haben, nun vor ihrem Empfängergerät im Büro oder im Einsatzwagen sitzen und das bewegliche Symbol auf einem schematisierten Stadtplan verfolgen.)

Auf dem Smartphone heute kommt genau diese Ortungstechnologie ständig zum Einsatz, bei internen Diensten wie ›Karten‹ und ›Häufige Orte‹ genauso wie bei der Vielzahl an selbständig heruntergeladenen Anwendungen, die zur Bestellung eines Taxis oder Abendessens dienen, zur Reservierung des nächstgelegenen Car-Sharing-Wagens, zur Bewertung eines Restaurants, zur Markierung der Bar, die man gerade besucht, oder zur Begegnung mit einem anderen Menschen, für die Nacht oder das Leben. MyTaxi, Uber, Lieferando, Drive Now, Yelp, Foursquare, Tinder, Pokémon Go, Facebook Orte: Die Funktionsweise all dieser Apps hat die Zustimmung des Nutzers zur Bedingung, seine genaue Position erkennbar zu machen, und wenn man etwa zum ersten Mal ein Uber-Fahrzeug bestellt und dann dem schwarzen Limousinen-Symbol auf dem Display dabei zusieht, wie es sich in Echtzeit von dem Ort, an dem der Fahrer den Auftrag empfing, auf den Punkt des eigenen Standorts zubewegt, ist die Assoziation zu polizeilicher Observierungsarbeit unvermeidlich. Die Uber-Transaktion umgibt eine Atmosphäre des Konspirativen: Der Weg der Limousine hinterlässt eine Spur, die genauestens verfolgt werden kann, aber es ist eine Spur ohne Fall; die Wirklichkeit wird zwar mit kriminalistisch erprobten Mitteln vermessen und abgebildet, aber sie soll keine unbekannten, bislang verschleierten Regionen eröffnen, wie es die Ermittlung nach einem Verbrechen anstrebt. Wenn das Orten von Personen lange Zeit hieß: ein Geheimnis entdecken, eine dunkle Stelle im Geflecht seiner Wege und Begegnungen aufklären, dann spielt dieser investigative Aspekt in den vielfältigen Anwendungen auf dem Smartphone für den Nutzer keine Rolle mehr: Die vertikale Recherchearbeit der Polizei oder des Detektivs hat sich in die reine Horizontalität eines spielerisch, ökonomisch oder amourös genutzten Alltagstrackings verwandelt.

Geschichte der Satellitennavigation

Die Möglichkeit, sich auf dem Mobiltelefon unentwegt selbst zu lokalisieren, hat eine Ortungstechnologie zur Bedingung, die flächendeckend, präzise und kostenfrei zur Verfügung steht. Diese Ortungstechnologie ist der Satellitennavigations-Dienst GPS (›Global Positioning System‹), zwischen 1973 und 1995 vom Verteidigungsministerium der USA aufgebaut und seit dem Jahr 2000 ohne Einschränkung auch für zivile Zwecke nutzbar. Jedes Smartphone heute greift bei der Positionsbestimmung des Nutzers in erster Linie auf GPS zurück; konkurrierende Systeme wie der russische GLONAS- oder der EU-finanzierte GALILEO-Dienst haben stark eingeschränkte Reichweiten oder sind weiterhin nicht vollständig betriebsbereit.

Die Geschichte der Satellitennavigation beginnt mit der Inbetriebnahme des sowjetischen Erdsatelliten ›Sputnik 1‹ im Oktober 1957, jenem Ereignis, das den Kalten Krieg Richtung Weltraum transferierte. Mitarbeitern des ›Applied Physics Laboratory‹ an der Universität von Baltimore, dem ingenieurwissenschaftlichen Zentrum des amerikanischen Militärs, gelingt es kurz darauf, von ihren Feststationen aus die genaue Position des feindlichen Raumflugkörpers zu ermitteln. »Nachdem sich diese Methode als sehr wirkungsvoll erwiesen hatte«, schreibt ein früher GPS-Historiker, »lag es nahe, eine Umkehr dieses Verfahrens zur Positionsbestimmung auf der Erdoberfläche einzusetzen.«[1] Die ersten amerikanischen Satelliten, die zu Beginn der sechziger Jahre ins All geschossen werden, übernehmen dann bereits die Aufgabe einer zunächst militärisch (und ab 1967 auch zivil) genutzten Standortbestimmung von Schiffen; diese Form der Navigation liefert im Vergleich zu der seit dem frühen 20. Jahrhundert etablierten Funkortung zahlreiche Vorteile, zum Beispiel geringere Störanfälligkeit, größere Präzision, einfachere Auswertung der Daten und erhöhte Betriebsreichweite.[2]

Da sich die Umlaufbahn der ersten amerikanischen Satelliten namens ›Transit‹ in eher geringer Höhe befindet, rund 1100 Kilometer über dem Erdboden, sind mit dieser Navigationsweise aber weiterhin Unzulänglichkeiten verbunden; die Positionsbestimmung der Schiffe kann aufgrund der sporadischen Sichtbarkeit der Satelliten nur etwa alle eineinhalb Stunden erfolgen, und schnellere Vehikel wie Flugzeuge oder Raketen sind mit der verwendeten Signaltechnik überhaupt nicht ortbar. Aus diesen Gründen arbeitet das amerikanische Verteidigungsministerium schon früh an Versuchen mit wesentlich höher stehenden Satelliten und veränderter Übertragungstechnik. Ab 1973 beginnt ein neues Programm mit dem vollständigen Namen ›Navigational Satellite Timing and Ranging – Global Positioning System‹ (›NAVSTAR GPS‹), die ›Transit‹-Satelliten abzulösen. Nach einer Testphase auf dem Boden Arizonas wird im Februar 1978 der erste Satellit in die Umlaufbahn von über 20 000 Kilometern Höhe gebracht; im Jahr 1985 befinden sich bereits zehn Flugraumkörper der ersten GPS-Generation mit integrierten Atomuhren im All. Jeder der Satelliten sendet laufend seine Position und die exakte Bordzeit in Lichtgeschwindigkeit zur Erde. Die Lokalisierung des Empfängers auf der Erdoberfläche erfolgt also durch die Koordination von Zeitsignalen. Um den Längengrad, den Breitengrad und die Höhe eines Standorts zu bestimmen, benötigt das Empfangsgerät die Laufzeitmessungen von drei Satelliten; ein vierter korrigiert die Differenz zwischen der synchronisierten Sender- und der Empfängerzeit. 24 GPS-Satelliten auf verschiedenen Umlaufbahnen im All sind notwendig, um auf der Erde zu jeder Zeit und an jedem Ort diese vier Laufzeitmessungen vornehmen und eine auf wenige Meter exakte Positionsbestimmung erzielen zu können. Als die USA mit acht NATO-Partnerstaaten (darunter die Bundesrepublik Deutschland) ihr globales Ortungsprojekt beginnt, geht man davon aus, dass das System spätestens in der zweiten Hälfte der achtziger Jahre voll betriebsfähig sein werde, doch die Challenger-Katastrophe Anfang 1986 führt zu einer drei Jahre langen Unterbrechung des Programms; erst im Jahr 1994 sind genügend Satelliten der zweiten Generation in die Umlaufbahn gebracht, um die ständige, flächendeckende Funktion der Standortbestimmung zu gewährleisten. Heute befinden sich 32 aktive GPS-Satelliten im Weltraum.

Bedeutsam für die Geschichte und gegenwärtige Nutzung von Ortungsdiensten ist der Umstand, dass das ›Global Positioning System‹ anfangs für militärstrategische Zwecke konzipiert wurde. Friedrich Kittlers berühmte Diagnose, der Alltagsgebrauch elektronischer Medien sei letztlich »Missbrauch von Heeresgerät«,[3] trifft auch auf die Ortungstechnologie mit großem Recht zu. Die gesamte Wissensgeschichte der Standortbestimmung im 20. Jahrhundert steht im Fokus der Wehrtechnik, von den ersten Anwendungsformen des Radars im Ersten Weltkrieg über die Optimierung der Funkortung im Zweiten bis zur Satellitennavigation in der Hochzeit des Kalten Krieges; Instrumente der Lokalisierung sollten gegnerische Schiffe, Flugzeuge und Raketen möglichst früh und zuverlässig orten und die eigenen Waffen im Ernstfall möglichst präzise ans Ziel bringen. In den ersten Schriften über die neu entstehende GPS-Technologie bestimmt diese Logik des Zweikampfs, zwischen dem westlichen und dem sowjetischen Block, die gesamte Rhetorik der Darstellung. »Wichtig ist die Störsicherheit gegen Feindeinwirkung«, heißt es in einem Aufsatz von 1978 im deutschen Fachorgan *Ortung und Navigation*, und der Autor erklärt die beim geplanten GPS-Dienst erstaunlich »hohe Zahl der 24 Satelliten mit Rücksicht darauf«, dass »ein gewisser Schutz gegen Killer-Satelliten des Gegners« errichtet werden müsse. Ein Repräsentant des Bundesamts für Wehrtechnik betont in derselben Nummer der Zeitschrift, dass das neue Ortungssystem gegenüber den ehemaligen ›Transit‹-Satelliten die »Anfälligkeit gegenüber Täuschungsversuchen des Gegners« beheben soll, und ein Marineadmiral identifiziert die angestrebte lückenlose Abdeckung des Erdumlaufs durch GPS-Satelliten einige Ausgaben später »mit einem hohen Grad an Unverwundbarkeit«.[4] Satellitennavigation, daran lassen die Entwickler und frühen Kommentatoren des ›Global Positioning System‹ also keinen Zweifel, ist zuallererst eine Technik latenter und, falls erforderlich, auch aktiver Kriegführung. Folgerichtig setzen die USA ihren noch nicht vollständig betriebsbereiten Ortungsdienst auch zum ersten Mal im zweiten Golfkrieg von 1990/1991 systematisch ein. Fortbewegungsmittel und Waffen sind die Objekte der Lokalisierung; dass auch einzelne Menschen mittels GPS-Signalen geortet werden könnten, spielt in dieser frühen Gebrauchslogik noch keine Rolle.

Neben der militärischen Hauptnutzung zieht das amerikanische Verteidigungsministerium allerdings von Anfang an auch den eingeschränkten zivilen und kommerziellen

Gebrauch des ›Global Positioning System‹ in Betracht, auf einer zweiten Sendefrequenz, die eine weitaus ungenauere Standortbestimmung liefern soll. Dieses Signal erweist sich aber bei der Erprobung zu Beginn der achtziger Jahre als zu präzise und muss von der zentralen Bodenkontrollstation der Airforce in Colorado künstlich verschlechtert werden. Als ›Standard Positioning Service‹, mit einer Ortungsgenauigkeit von etwa hundert Metern, soll die zweite Frequenz nach der vollen Inbetriebnahme des Systems für den zivilen Schiffs- und Flugverkehr verfügbar gemacht werden, im Gegensatz zu dem für Militärnutzung reservierten ›Precise Positioning Service‹, der eine Genauigkeit von etwa zehn Metern verspricht. Diese Zweigleisigkeit ist also bereits seit der ersten Planungsphase des Ortungsdienstes vorgesehen (und die in amerikanischen Publikationen zur GPS-Geschichte regelmäßig auftauchende Erzählung, dass erst der Abschuss eines von der Flugroute abgekommenen Korean-Air-Passagierflugzeugs im sowjetrussischen Luftraum 1983 einen »geschockten und emotional tiefbewegten Präsidenten Reagan«[5] dazu bewogen hätte, die GPS-Technik von einem Tag auf den anderen auch für zivile Nutzung vorzuschlagen, muss als ideologisch motivierte Erinnerungsschwäche der Autoren betrachtet werden).

Als das ›Global Positioning System‹ Mitte der neunziger Jahre kontinuierliche und flächendeckende Ortung gewährleisten kann, gibt das amerikanische Verteidigungsministerium den ungenaueren ›Standard Positioning Service‹, zunächst für eine Dauer von zehn Jahren, für die kostenlose zivile Nutzung frei. Diese Maßnahme führt zu ersten Versuchen mit GPS-gestützter Positionsbestimmung in der Landvermessung oder der Verkehrsleitung und Fahrzeugnavigation im Straßenverkehr, doch erst das Ende der künstlichen Beschränkung ziviler Signale schafft die Voraussetzungen für eine umfassende Anwendung. Präsident Clinton kündigte schon 1996 in einer Direktive an, die Nutzung des ›Global Positioning System‹ in Zukunft »in kommerziellen und wissenschaftlichen Zusammenhängen auf der ganzen Welt fördern« zu wollen, sprach aber noch davon, die eingeschränkte Reichweite der Signale »innerhalb eines Jahrzehnts«[6] abzuschalten. Die Arbeiten an dem EU-geförderten Satellitennavigationssystem GALILEO, die an der Wende zum 21. Jahrhundert kurz vor dem Abschluss zu stehen scheinen (bis heute ist es nicht vollständig in Betrieb), veranlassen die amerikanische Regierung aber schon am 1. Mai 2000 dazu, die künstliche Verschlechterung des GPS-Signals ankündigungslos und buchstäblich über Nacht aufzuheben. »Es geschieht selten«, so ein Regierungssprecher in der kurzfristig organisierten Pressekonferenz, »dass jemand einen Knopf drücken kann, und plötzlich wird ein Gerät, das Sie besitzen, von einem Moment auf den anderen wertvoller«. Der Grund, warum die USA ihr Ortungssystem vier Jahre vor der geplanten Frist vollständig für den zivilen Gebrauch freigeben, hat mit den ökonomischen Erwartungen an die neue Technologie zu tun: »Der Markt für GPS-Anwendungen und -Dienste«, heißt es in der Presseerklärung, »bewegt sich schon heute im Milliardenbereich und verdoppelt sich alle zwei oder drei Jahre. Die Expansionsaussichten sind also enorm, und wir wollen sicherstellen, dass Geschäftsbetriebe in den USA davon profitieren.«[7] Im Verlauf der letzten 15 Jahre hat sich diese Prognose mehr als bewahrheitet, und es ist angesichts der Allgegenwart von Ortungsverfahren in Vergessenheit geraten, dass jeder Blick auf einen Stadtplan auf dem Smartphone, jede Aktivierung von Uber, Tinder oder Facebook Orte weiterhin auf dieser politischen Entscheidung aus dem Jahr 2000 beruht.

Auf dem Weg zur Lokalisierung von Individuen

In der Geschichte der Ortungstechnologie seit dem späten 20. Jahrhundert lassen sich drei aufeinanderfolgende Schwerpunkte des Gebrauchs erkennen: als strategisches Mittel in (kalten) Kriegszeiten, als Einsatzinstrument bei der Überwachung und Verfolgung von Straftätern und als alltägliche Kommunikationsform der digitalen Kultur. Mit Blick auf die Ausdehnung der Nutzergruppen könnte man auch sagen: Verfahren der Standortbestimmung werden zuerst ausschließlich vom Militär angewendet, dann vor allem von Polizei und Justiz und in den letzten zehn Jahren von jedem Menschen, der ein Smartphone besitzt.

Die Anzeichen der ersten Verschiebung – vom Kriegs- zum Fahndungs- und Strafinstrument – sind dabei schon früh wahrnehmbar. In den späten sechziger Jahren, noch vor der Entstehung der GPS-Technologie, beginnen in den USA die ersten systematischen Vorschläge zur ›Automatic Vehicle Location‹ in Großstädten. Die technische Umsetzung der Fahrzeugortung und ihrer Insassen muss in dieser Zeit noch auf aufwendige, nur für begrenzte Reichweiten ausgerichtete Lokalisierungsmethoden vertrauen, etwa auf das ›Koppelnavigations‹-Verfahren, das die Positionsbestimmung eines Objekts nur in Relation zu einem bekannten Ausgangsort vornehmen kann, auf die Verwendung von flächendeckend installierten Kontrollposten (zum Beispiel beim automatischen Einzug von Straßenmaut) oder auf Funkortung nach dem Vorbild der Lokalisierung von Schiffen und Flugzeugen. Erste Anwendungsgebiete dieser Ortungstechnik betreffen die Koordination von Fahrzeugflotten im öffentlichen Nahverkehr oder die Verkehrsleitung auf vielbefahrenen Autobahnen, doch von Beginn an steht auch der Gebrauch der Methode in der Strafverfolgung zur Debatte. Auf einer von Verkehrsbehörden organisierten Tagung zum Thema ›Public Urban Locator Service‹ 1968 in Washington, D. C., der sogenannten PULSE-Konferenz, die heute als Gründungsakt der Diskussion über Ortung von Landfahrzeugen gilt, wird der kriminalistische Nutzen des Verfahrens bereits klar benannt: »Verdächtige Fahrzeuge könnten ›verwanzt‹ werden, und ihre Bewegungen durch die Stadt ließen sich ohne jenen auffälligen Schweif an Streifenwagen verfolgen, wie es bislang der Fall ist.« Und als »zukünftige Verfeinerung der Technik« schlägt der Referent vor, »einen Sender an der verdächtigen Person selbst anzubringen, zum Beispiel in seinem Schuh«.[8]

In den siebziger und achtziger Jahren dann ist die Polizeiarbeit neben Aspekten der Verkehrssteuerung in Großstädten das prominenteste Einsatzgebiet der ›Automatic Vehicle Location‹. In einem 1978 vom US-Justizministerium herausgegebenen Forschungsbericht etwa wird bei der Aufzählung von Einsatzmöglichkeiten unter anderem der Punkt ›Verfolgung, Überwachung und verdeckter Gebrauch‹ erwähnt: »Zu den möglichen Anwendungen der automatischen Fahrzeugortung«, schreiben die Autoren, »gehört auch der Versuch, mitgeführte Fracht zu lokalisieren«; sie fügen aber einschränkend an, dass die »notwendigen Voraussetzungen, was Genauigkeit und Reichweite angeht, im Moment noch nicht gewährleistet« seien. »Sollten wir allerdings eine Ortungstechnologie entwickeln, die nichts anderes erfordern würde als ein kleines Gerät, das man auf oder in der Fracht anbringen kann, wäre verdeckte Ermittlung möglich.«[9] Drogenkuriere oder Lieferanten von Schmuggelware könnten auf diese Weise überführt werden.

Diesen frühen Ermittlungsphantasien zum Trotz ist es aber bemerkenswert, dass die Lokalisierung von Verdächtigen in den Anfangstagen polizeilicher Ortungsarbeit noch nicht als primärer Anwendungsbereich gilt. Vordringliches Ziel ist es zunächst, die Positionen der eigenen Fahrzeugflotte automatisch zu bestimmen, um den Beamten im Dienst ein größeres Sicherheitsgefühl zu verschaffen. Auch in den ersten Aufsätzen deutscher Polizei-Fachjournale über die Notwendigkeit von Ortungstechnologie stehen die Kriterien »Sicherheit« und »optimale Organisation«[10] im Vordergrund. Die automatische Standortbestimmung soll die Kommunikation zwischen Streifenwagen und Einsatzleitung, die bislang sprachlich über Funk erfolgt, in Zukunft erleichtern, wobei der Präsident der deutschen Polizei-Führungsakademie, einer der aktivsten Verfechter der neuen Technologie, die Frage aufwirft, ob sich die Beamten in den georteten Streifenwagen »nicht ständig überwacht, kontrolliert und gegängelt fühlen«[11] würden. In dem Jahrzehnt, das in Deutschland Volkszählungsboykotte und das im Grundgesetz verankerte ›Recht auf informationelle Selbstbestimmung‹ hervorbringt, entwickeln sogar Polizeipräsidenten ein sensibles Verhältnis zu Datenspeicherung und Lokalisierung.

Mitte der achtziger Jahre werden in Deutschland noch keine mutmaßlichen Straftäter mittels technischer Hilfsmittel geortet. In den USA dagegen beginnt sich diese Ermittlungspraxis trotz der begrenzten Reichweite und Genauigkeit der Funkortung durchzusetzen; jene Hoffnung von 1978, dass ein Lokalisierungsverfahren einmal »nichts anderes erfordern würde als ein kleines Gerät, das man auf oder in der Fracht anbringen kann«, hat sich ein knappes Jahrzehnt später zumindest in der Hinsicht erfüllt, dass Funksender mit einer Reichweite von einigen Hundert Metern unbemerkt an konspirativer Ware angebracht und die Fahrtwege der Verdächtigen von einem zivilen Einsatzwagen in der Nähe überwacht werden können. Als historische Quelle für die Anfänge dieser Ermittlungspraxis dienen heute einige Urteilsschriften des ›Supreme Court‹ (der amerikanischen Entsprechung zum deutschen Bundesverfassungsgericht), der in den frühen achtziger Jahren zum ersten Mal über die juristische Zulässigkeit polizeilicher Ortungsarbeit befinden muss. In zwei ähnlich gelagerten Präzedenzfällen von 1983 und 1984 klagen Verurteilte, die durch die Daten eines solchen ›Beepers‹ als Drogenproduzenten überführt wurden, auf die Verfassungswidrigkeit des polizeilichen Einsatzmittels, einmal ein Mann namens Leroy Knotts, dessen Labor die Ermittler durch einen Funksender auf den gelieferten Chloroform-Behältern lokalisierten, ein Jahr später James Karo, der nach einer Hausdurchsuchung festgenommen wurde, die ebenfalls aufgrund der Informationen eines ›Beepers‹ auf verwendeten Utensilien zustande kam.[12]

Die große Zäsur dieser polizeilichen Schriften und Praktiken besteht darin, dass es im Kontext der Ermittlungsarbeit nun zum ersten Mal nicht mehr allein um die Ortung von Fortbewegungsmitteln oder Waffen geht, sondern auch um einzelne Personen. Das Ziel der Lokalisierungsbemühungen wird der Mensch. Als Mitte der neunziger Jahre dann der eingeschränkte zivile Gebrauch der Satellitennavigation im Namen des ›Global Positioning System‹ möglich wird, weitet sich die Anwendung der Ortungstechnologie zu Fahndungszwecken rasch aus. In der neugegründeten internationalen Zeitschrift *GPS Solutions* etwa werden 1995 einige zivile Einsatzgebiete des ›real-time tracking‹ vorgestellt, und als prominentestes Beispiel erwähnen die Autoren die »verdeckte polizeiliche Standortbestimmung eines Verdächtigen in einem Kriminalfall«. Die Polizeibehörde der Stadt Colorado Springs, so heißt es, überprüfe derzeit in einem Testlauf, »inwieweit die GPS-Technologie dazu beitragen könnte, die Verbrechensrate zu reduzieren und die kommunale Polizeiarbeit zu erleichtern«. Autos von Verdächtigen, die Schmuggelware und Drogen transportieren sollen, werden mit GPS-Sendern laufend überwacht: eine technische Optimierung von Fahndungsweisen, die laut einem zitierten Polizeibeamten bislang »zu den logistisch aufwendigsten und teuersten überhaupt gehörten«. Bis zu fünf Streifenwagen seien notwendig gewesen, um die verdeckte Ortung eines verdächtigen Fahrzeugs dauerhaft zu bewerkstelligen. »Wenn uns nun ein System zur Verfügung steht, das die Kriminellen zuverlässig aus der Ferne orten kann, ist das zum einen sicherer, und zum anderen benötigen wir viel weniger Kollegen, um einen einzelnen Fall zu verfolgen.«[13] Tatsächlich gehören Fahndung und Überwachung per GPS von den späten neunziger Jahren an zu den etablierten Mitteln der Kriminaltechnik.

Paradoxien des Ortens

In der Strafverfolgung und im Strafrecht werden Technologien der Positionsbestimmung seither vor allem auf zwei Gebieten eingesetzt: bei der Überwachung Verdächtiger durch das Anbringen von Sendern an Autos oder mitgeführter Fracht und bei der Überwachung verurteilter, aber nicht (mehr) inhaftierter Straftäter durch die sogenannte elektronische Fußfessel, die in den letzten Jahren gewöhnlich ein mit GPS-Technik ausgestattetes Armband ist. Wenn man die juristischen Auseinandersetzungen betrachtet, die es in Bezug auf diese beiden Einsatzweisen in den letzten dreißig Jahren gegeben hat, wird auf den ersten Blick ersichtlich, mit welchem Legitimationsaufwand die Ortung von mutmaßlichen oder überführten Verbrechern bis heute verbunden ist. Ob die dauerhafte Kontrolle der Bewegungen im Raum durch eine staatliche Autorität als übermäßiger Eingriff in die Persönlichkeitsrechte des Menschen aufzufassen ist, hat langwierige politische und verfassungsrechtliche Debatten hervorgebracht. Diese Sensibilität ist vor allem im Hinblick auf die Frequenz und Unbefangenheit interessant, mit der Ortungsdienste heute auf dem Mobiltelefon in Anspruch genommen werden. Seit einem guten Jahrzehnt lässt sich also eine bemerkenswerte Aufspaltung im Umgang mit Verfahren der Lokalisierung erkennen: auf der einen Seite die nur unter strengen Auflagen und in Ausnahmesituationen zu gewährende Ortung Delinquenter, auf der anderen Seite die allgegenwärtige, mit einem Tastendruck freigegebene Selbstlokalisierung jedes Smartphone-Nutzers.

Die erwähnten Präzedenzurteile des Supreme Court (und vergleichbare Fälle am Bundesverfassungsgericht) sind aus heutiger Perspektive auch deshalb so ergiebige Dokumente, weil sie die ganze Anstrengung sichtbar machen, die den juristisch-kriminalistischen Zugang zu Verfahren der Ortung prägen. Gegenstand der Verfassungsklagen von Knotts 1983 und Karo 1984 ist die Frage, ob die polizeiliche Fahndung mittels Peilsendern gegen das ›Fourth Amendment‹ der amerikanischen Verfassung verstoße, gegen jenen Zusatzartikel also, der »das Recht des Volkes auf Sicherheit der Person, der Wohnung, der Urkunden und des Eigentums vor willkürlicher Durchsuchung, Festnahme und Beschlagnahmung« schützen soll und »Haussuchungs- und Haftbefehle nur bei Vorliegen eines eidlich oder eidesstattlich erhärteten Rechtsgrundes« erlaubt. Dieser Passus wurde 1791 in die amerikanische Verfassung aufgenommen, lange vor dem Aufkommen und polizeilichen Gebrauch technischer Medien, und im Verlauf des 20. Jahrhunderts muss der Supreme Court immer wieder entscheiden, wie sich neue, mediengestützte Fahndungspraktiken zu den festgeschriebenen Persönlichkeitsrechten verhalten. 1928, im Fall Olmstead, geht es etwa um die Frage, ob die polizeiliche Überwachung des Telefons eines Verdächtigen durch Anzapfen

der Leitung außerhalb des Hauses als verfassungswid-
rige ›willkürliche Durchsuchung‹ zu verstehen sei. Der
Supreme Court beurteilt diese Ermittlungstechnik als
legal, weil der Ort der Informationsgewinnung nicht im
geschützten Wohnraum, sondern auf dem freien Feld
der Telefonmasten liege (ein interessanter medienge-
schichtlicher Moment, gelten technische Kanäle wie die
Telefonleitung 1928 im juristischen Verständnis offenbar
noch nicht als Erweiterung eines Innenraums, sondern
als stabiles Trennelement zwischen privater und öffentlicher Sphäre).[14] Diese rechtlich erhärtete Eigenexistenz
des Mediums schwindet aber durch ein prägendes Su-
preme-Court-Urteil im Jahr 1967, in dem der Klage eines
verurteilten Straftäters namens Katz stattgegeben wird,
dessen Gespräche in einer öffentlichen Telefonzelle durch
die Installation eines Mikrofons auf dem Dach abgehört
wurden. Die Richter erkennen in dieser Ermittlungspraxis
eine Verfassungswidrigkeit, weil der Nutzer einer Telefonzelle Privatsphäre erwarten dürfe; das medial verstärkte
Abhören von Gesprächen sei juristisch gleichbedeutend
mit dem physischen Eindringen der Ermittler in einen
geschützten Raum. Der Vierte Zusatzartikel, so die Ur-
teilsbegründung in einem fortan häufig zitierten Verdikt,
»schützt Menschen, nicht Orte«.[15]

Mit der automatischen Lokalisierung von Verdächtigen
gewinnt dieses Dilemma zwischen einem Gesetzestext
des späten 18. und der Fahndungstechnologie des späten
20. Jahrhunderts neue Bedeutung. Die Fälle Knotts und
Karo verhandeln Mitte der achtziger Jahre das konkrete
Problem, ob das Anbringen von Peilsendern, deren Signale von Polizeiwagen in der Nähe per Funk empfangen

werden können, als ›willkürliche Durchsuchung‹ gelte und daher einen genehmigten Durchsuchungsbefehl erfordere. Die erste Klage wird von den Richtern einstimmig zurückgewiesen, weil der Chloroform-Eimer, der den Ermittlern die Fährte zum Drogenlabor des Verurteilten wies, mit Wissen des Verkäufers bereits im Geschäft mit einem Sender versehen worden war und nur unterwegs geortet wurde; auf öffentlichen Straßen könne jedoch niemand Privatsphäre im Sinne der Verfassung erwarten. Unberührt bleibt im Fall Knotts allerdings die Frage, ob die Signalübertragung eines Senders im Innern eines Privathauses einer Durchsuchung im Sinn des Fourth Amendment bedürfe.

Diese Konstellation muss der Supreme Court ein Jahr später bewerten. Bei der Ermittlung gegen James Karo verstecken die Fahnder einen Peilsender in einem Behälter mit Äther und verkaufen ihn über Informanten an den Verdächtigen; durch die Lokalisierungsdaten zwischen seiner Wohnung und dem Ort der Drogenproduktion kann er schließlich überführt werden. Die Richter kommen in diesem Fall zu einem anderen Urteil; sie halten das Auswerten von Ortungssignalen im Haus eines Verdächtigen für eine ›Durchsuchung‹ im Verfassungssinne und einen offiziellen Durchsuchungsbefehl damit für unerlässlich. Ob die Ermittler also persönlich oder medial vermittelt in eine Wohnung eindringen, macht, ähnlich wie im Fall Katz, keinen Unterschied. Der Kläger bekommt in dieser Hinsicht recht; seine Verurteilung und das Strafmaß werden dennoch aufrechterhalten, weil zu viele weitere, legal gewonnene Indizien für seine Schuld sprechen.

In der Folge dieser beiden Supreme-Court-Urteile setzt

sich für den Einsatz von polizeilicher Ortungstechnologie in den USA der Grundsatz durch, dass ein Verdächtiger so lange ohne Durchsuchungsbefehl lokalisiert werden darf, solange sich die Gewinnung der Daten auf den öffentlichen Raum begrenzt. Ein Sender in einem Chloroform-Eimer, der wie im Fall Knotts einige Stunden lang im Auto transportiert wird, stellt keine ›willkürliche Durchsuchung‹ dar; einer, der in ein Privathaus eingeschmuggelt wird, dagegen schon. Als ungeklärter Zwischenbereich gilt Mitte der achtziger Jahre das Fahrzeug des Verdächtigen selbst: »Ob ein ›Beeper‹ auf oder in einem Wagen als Durchsuchung im Sinne des Vierten Zusatzartikels zu begreifen ist«, so der FBI-Jurist John Hall in seinem großen Überblicksartikel über Verfahren der Positionsbestimmung, »hat der Supreme Court bis heute noch nicht entschieden«.[16]

Mit dem Aufkommen der GPS-Technik, die räumliche Überwachung vereinfacht und ausweitet, wird aber genau dieser Fall regelmäßige polizeiliche Praxis. Nun ist kein Einsatzwagen in der Nähe des Verdächtigen mehr nötig, um alle dreißig Sekunden das Signal des ›Beepers‹ zu empfangen; ein kreditkartengroßer, fünfzig Gramm leichter GPS-Sender, der unbemerkt am Auto des Überwachten installiert wird, sendet kontinuierlich Daten auf ein Mobiltelefon der Ermittler.

Am Ende eines langen Rechtsstreits in den USA, der von 2004 bis 2013 währt, muss der Supreme Court die Legalität dieser Fahndungsweise prüfen. Wieder ist es ein überführter Kokainproduzent, der Nachtclubbetreiber Antoine Jones aus Washington, D.C., der zu lebenslanger Haft verurteilt wird, weil die Ortungsdaten des GPS-Senders auf dem Unterboden seines Jeeps, insgesamt 2000 ausgedruckte Seiten, seine Täterschaft unwiderlegbar beweisen. Die Ermittler haben in diesem Fall zwar einen Durchsuchungsbefehl zur Anbringung eines Senders beantragt, aber nur innerhalb eines bestimmten Zeitraums und nur zur Ortung innerhalb der Stadtgrenzen von Washington, D.C. Tatsächlich dauert die Überwachung wesentlich länger (vier Wochen, begonnen am Tag nach der gewährten Frist von zehn Tagen) und umfasst auch ein größeres Gebiet, den gesamten Bundesstaat Maryland. Die Richter des Supreme Court entscheiden Anfang 2012, dass die GPS-gestützte Gewinnung von Daten in diesem Fall als ›Durchsuchung‹ im Sinne des Fourth Amendment aufzufassen und damit verfassungswidrig ist. Der Fall geht zurück an das zuständige Gericht; in einer neu angesetzten Verhandlung, die sich auf andere Beweismittel stützt, wird Antoine Jones im Mai 2013, fast ein Jahrzehnt nach Beginn der Ermittlungen, zu 15 Jahren Gefängnis verurteilt, unter Anrechnung der bislang verbüßten Strafe.

Die Urteilsbegründungen im Fall ›United States gegen Antoine Jones‹ zeigen mit großer Anschaulichkeit, welche Dynamiken und Kollisionen sich in der digitalen Kultur durch die jederzeit verfügbare GPS-Technik ergeben. Als der Supreme Court Ende 2011 über die Klage verhandelt, sind Ortungsdienste auf Smartphones bereits omnipräsente Realität. Die Verfassungsrichter haben diese Entwicklung natürlich registriert, und sie bringen die beiden verschiedenen Umgangsweisen mit Verfahren der Positionsbestimmung, die polizeiliche und die alltäglich-kommunikative, immer wieder in Zusammenhang. Obwohl die Beurteilung des spezifischen Falles, der verspätet installierten und übermäßig lange aufrechterhaltenen GPS-Überwachung durch das FBI, einstimmig erfolgt, kommen die neun Richter in ihrer grundsätzlichen Perspektive auf den Einsatz polizeilicher Ortungstechnologie zu derart verschiedenen Diagnosen, dass das Urteil drei separat verfasste Begründungen enthält. Die Rigorosität, mit der das neue Fahndungsinstrument abgelehnt wird, hängt dabei mit dem unterschiedlichen Gewicht zusammen, das die Fraktionen dem Verfassungstext von 1791 noch zugestehen; es geht in den Urteilsschriften also um das prekäre Verhältnis von dauerhafter Gesetzeskraft und wandelbarer Medienrealität.

Die Gruppe jener vier Verfassungsrichter, die sich auch im Jahr 2012 für ein kategorisches Verbot von GPS-Überwachung ohne Durchsuchungsbefehl ausspricht, argumentiert im Sinne eines eher ahistorischen, orthodoxen Rechtsverständnisses, das den Wortlaut des Fourth Amendment, sei er auch einer über 200 Jahre alten Lebenswirklichkeit entsprungen, für unbeschränkt gültig erklärt. Oberstes Prinzip der Supreme-Court-Entscheidung müsse es sein, »die im 18. Jahrhundert gegebene Garantie gegen unbegründete Durchsuchungen«[17] auch im 21. Jahrhundert zu gewährleisten. Eine zweite, ebenfalls vierköpfige Gruppe sowie die Richterin Sotomayor in einer eigenständigen Erklärung stellen dagegen die Unzeitgemäßheit des Zusatzartikels ins Zentrum ihrer Darstellungen und plädieren dafür, die Geschichtlichkeit von Verfassungstexten ernst zu nehmen. Rechtskategorien wie ›willkürliche Durchsuchung‹ müssten vor dem Hintergrund jenes »dramatischen technologischen Wandels« betrachtet werden, der in jüngster Zeit »die allgemeine

Lebensweise prägt«. Technische Geräte und Anwendungen, die etwa die Aufzeichnung der Bewegungen eines Menschen erlauben, so der Befund dieser Fraktion, »gewährleisten größere Bequemlichkeit und Sicherheit unter Preisgabe der Privatsphäre, und viele Menschen finden diesen Handel erstrebenswert«. Als bedeutendste Entwicklung macht Richter Samuel Alito, der die Urteilsschrift der abweichenden Gruppe verfasst, in dieser Hinsicht Dienste auf dem Mobiltelefon aus, »die es den Benutzern ermöglichen, ihre eigene Position und die von anderen zu lokalisieren und zu verfolgen. Und wir sprechen hier von mehr als 322 Millionen Smartphones, die es im Jahr 2011 in den USA gibt! Die Verfügbarkeit und der Gebrauch solcher Geräte«, so Alito weiter, »führen dazu, dass sich die Einschätzung des Durchschnittsnutzers, was Privatsphäre bedeutet, anhaltend verändert.«[18]

In einer Anhörung zu der Verfassungsklage ein paar Wochen zuvor entwarf der Richter eine konkretere Prognose, was er mit dieser Veränderung meint: »Schauen wir zehn Jahre nach vorne: Neunzig Prozent der Menschen werden Soziale Medien nutzen, mit durchschnittlich 500 Freunden, und sie werden diesen Freunden erlauben, ihren Standort 24 Stunden am Tag, 365 Tage im Jahr mittels Mobiltelefonen zu lokalisieren. Was für eine Erwartung an Privatsphäre wird die Bevölkerung dann haben?« Und genau diese Tendenz der digitalen Kultur im Umgang mit Ortungsdaten versteht seine Fraktion als wichtigstes Argument, die kurzfristige, flexibel eingesetzte GPS-Überwachung von Verdächtigen in Zukunft auch ohne Durchsuchungsbefehl als verfassungsgemäß zuzugestehen. »Unter diesen Bedingungen«, so Alitos Schlussfolgerung, »verträgt sich die polizeiliche Ortungstechnik mit jenen Erwartungen an die Privatsphäre, wie sie unsere Gesellschaft heute als angemessen betrachtet.«[19]

Ein weitreichender Vorschlag: Kurzzeitortung per GPS soll den Ermittlern in künftigen Fällen gestattet sein, da dieses Vorgehen über den Alltag digitaler Kommunikation ohnehin kulturell assimiliert worden ist. Was die Fahndungspraxis im Jahr 2011 an Verletzungen des Persönlichkeitsrechts riskieren könne, werde über den Gebrauch der Ortungsdienste längst von den meisten Menschen freiwillig in die Tat umgesetzt. Die Richterin Sonia Sotomayor, die eine eigene Urteilsschrift verfasst, sich der Empfehlung eines grundsätzlichen Verbots von GPS-Ortung ohne Durchsuchungsbefehl aber anschließt, betont in ihrer Begründung, welchen Reichtum an Daten – »Details über familiäre, politische, berufliche, religiöse und sexuelle Belange« – die GPS-Überwachung einer Person aufzeichne. »Enthüllt werden Wege, deren unbestreitbar private Natur sich jeder ausmalen kann: Besuche beim Psychiater, dem Schönheitschirurgen, der Abtreibungsklinik, der Aids-Beratung, dem Strip-Club, dem Strafverteidiger, dem Stundenhotel, dem Gewerkschaftstreffen, der Moschee, Synagoge oder Kirche, der Schwulenbar und so weiter.«[20] Diese schillernde Aufzählung wirft einerseits ein Licht auf die Imaginationen einer Supreme-Court-Richterin, was konspirative und schambesetzte Milieus betrifft, andererseits ruft die Liste sofort Assoziationen zu der Anwendungsfunktion ›Häufige Orte‹ auf dem iPhone 5 s hervor. Gegliedert nach Adressen und Zeitpunkt des Aufenthalts speichert dieser Dienst wie beschrieben die Gegenden, in denen sich der Nutzer in den vergangenen sechs Wochen aufgehalten hat – an den meisten Tagen, in den meisten Biographien zweifellos eine Sammlung banaler Daten: die eigene Wohnung, das Büro, der Mittagsimbiss, der Supermarkt in der Nachbarschaft; ein Bewegungsprotokoll des geregelten Lebens. Aber ebenso getreu würde der Ortungsdienst auch alle Abweichungen von der Normalexistenz verzeichnen, etwa den wiederkehrenden Schauplatz einer Liebesaffäre. Und für einen misstrauischen Ehepartner wären die Lokalisierungsdaten ›Häufige Orte‹ genauso verlässliche Quellen wie für die Ermittler der GPS-Sender am Jeep des Drogenproduzenten.

Die Supreme-Court-Entscheidung über die Klage von Antoine Jones hat im Jahr 2012 spürbare Auswirkungen auf die Fahndungsstandards des FBI, wie der Leiter der Behörde, Robert Mueller, einige Monate nach der Urteilsverkündung eingesteht; von den rund 3000 laufenden Fällen, in denen die amerikanische Polizei GPS-Überwachung einsetzt, muss in mehreren hundert in der Folge der Verfassungsentscheidung auf andere Ermittlungsmethoden ausgewichen werden.[21] Ortung als kriminaltechnische Maßnahme ist in den USA also trotz der Allgegenwart der Lokalisierungsverfahren auf dem Smartphone seither nur unter besonderen Voraussetzungen und in Verbindung mit einem Durchsuchungsbefehl möglich. In Deutschland hat ein ähnlich langwieriger Rechtsstreit im Jahr 2005 eine andere Tendenz herbeigeführt. Die Verfassungsklage eines Mitglieds der ›Antiimperialistischen Zellen‹, das 1996 aufgrund der GPS-Überwachung seines Fahrzeugs festgenommen und zu 13 Jahren Haft wegen der Beteiligung an Sprengstoffanschlägen verurteilt wurde, wird knapp zehn Jahre später zurückgewiesen. Gegenstand der

Klage vor dem Bundesverfassungsgericht ist die Frage, ob die Anbringung eines GPS-Senders am Auto des Verdächtigen mit dem erst 1992 in die Strafprozessordnung aufgenommenen § 100c vereinbar sei. Dieser besagte in der damaligen Fassung, dass der »Einsatz technischer Mittel zur Ermittlung des Aufenthaltsortes des Täters ohne Wissen des Betroffenen« vorgenommen werden darf, wenn der »Gegenstand der Untersuchung eine Straftat von erheblicher Bedeutung ist«. Die Verfassungsrichter kommen in ihrer Bewertung des Falles zu dem Ergebnis, dass der Gebrauch der GPS-Technik von den Vorgaben und Grenzen des § 100c gedeckt ist: »Eingriffe in das allgemeine Persönlichkeitsrecht durch die Verwendung von Instrumenten technischer Observation erreichen in Ausmaß und Intensität typischerweise nicht den unantastbaren Kernbereich privater Lebensgestaltung; so ist es auch hier.«[22] Im Jahr 2010 wird das Urteil vom Europäischen Gerichtshof für Menschenrechte bestätigt.

Probleme der Legitimation bilden also den Kern der Debatte um den polizeilichen Einsatz des ›Global Positioning System‹, und auch wenn dieser Fall, anders als in den USA sieben Jahre später, im Sinne der Ermittler entschieden wird, zeigen Umfang und Komplexität der Urteilsschrift deutlich, wie differenziert der verfassungsrechtliche Blick auf die Urheberschaft und Ausprägung von Lokalisierungsverfahren sein muss. Nur Autoritäten der staatlichen Exekutive sind befugt, mutmaßliche Verbrecher zu orten, wie ein weiteres Präzedenzurteil am Bundesgerichtshof 2013 besagt, das die GPS-Überwachung eines Verdächtigen durch eine Privatdetektei verbietet.[23] Wer ist also dazu legitimiert, die räumliche Position von Menschen zu bestimmen? Und unter welchen Auflagen und Vorbedingungen darf dies geschehen? In den Kommunikationsformaten der digitalen Kultur hat sich der juristische Kampf um die ›Ermächtigungsgrundlage‹ der Ortung vollständig abgekühlt; der Nutzer einer Smartphone-Anwendung mit automatischer Standortbestimmung erteilt sie bekanntlich durch eine Berührung des Touchscreens, durch die einmalige Bejahung der aufscheinenden Frage, ob der Dienst »Ihren aktuellen Ort verwenden« darf.

Elektronische Fußfessel

Wenn die Ortung einzelner Personen bis zum Ende des 20. Jahrhunderts immer an eine Ausnahmesituation gebunden ist, dann spielt neben der automatischen Lokalisierung von Verdächtigen wie erwähnt ein zweiter Anwendungsbereich eine wichtige Rolle: die Überwachung bereits verurteilter Straftäter durch ein Geräteensemble, für das sich die Bezeichnung ›elektronische Fußfessel‹ etabliert hat. Die Anfänge dieser Maßnahme reichen noch weiter zurück als die ersten Einsätze von Peilsendern bei der polizeilichen Fahndung und verdanken sich der Kooperation von Psychologie und Strafjustiz. Ralph Schwitzgebel, Schüler des Behavioristen Burrhus Frederic Skinner in Harvard, interessiert sich ab Mitte der 1960er Jahre für die Konstruktion von ›Verhaltenselektronik‹, für Sendegeräte also, die am Körper des Probanden angebracht werden und über Funk laufend Informationen über seine Regungen an ein Kontrolllabor weiterleiten. Schwitzgebel stellt etwa Apparaturen vor, mit denen Suchtpatienten oder entlassene Straftäter jeden Gedanken an Drogen oder an neue Verbrechen sofort durch einen Knopfdruck am Sender übermitteln sollen, um dem Labor in Echtzeit Aufschlüsse über die Dynamik ihres Innenlebens zu geben. Laut Schwitzgebel würden die Geräte dabei in einem ersten Schritt zur bloßen Beobachtung der Patienten und Delinquenten in ihrem gewohnten Lebensumfeld dienen, hätten letztlich aber die Aufgabe einer »direkten Verhaltenskontrolle«, indem durch die ständige Funkkommunikation zwischen Proband und Labor »freiwillige Handlungen unterbunden und unfreiwillige hervorgelockt werden«[24] könnten. Seine eigenen Forschungen richten sich bald auf ein Verfahren, dem es nicht um die psychologische Interpretation der registrierten Signale geht, sondern um die schiere Standortbestimmung der Probanden. 1969 wird Schwitzgebel ein Patent für ein *System zur Verhaltenskontrolle mit einem Armband als Sender-Empfänger* erteilt. Laut Patentschrift soll dieses System, das alle dreißig Sekunden per Funksignal die Position des Trägers übermittelt, zur Überwachung von »ausgewählten Einzelpersonen«[25] eingesetzt werden, in erster Linie von Straftätern, die auf Bewährung entlassen worden sind.

Schwitzgebels Apparatur, das betont er in den Aufsätzen dieser Jahre immer wieder selbst, kann unter den gegebenen technologischen Bedingungen nur als vorläufiges Modellprojekt angesehen werden. Der Sender mit Batterie, an den Gliedmaßen des Georteten festgeschnallt, wiegt fast ein Kilogramm; die mobilen Empfangsstationen, die das Signal an die Kontrollzentrale weiterleiten, haben eine Reichweite von nur wenigen Dutzend Metern, so dass eine ganze Reihe dieser Stationen errichtet werden müsste, um einen Probanden auch nur in einem überschaubaren Straßenkarree zu überwachen. 1969 führt Schwitzgebel über mehrere Wochen eine Versuchsreihe mit 16 Freiwilligen durch – »vom Schwerkriminellen, der acht Jahre im Gefängnis saß, bis zum unbescholtenen jungen Geschäftsmann« – und kommt zu dem Ergebnis, dass das Höchstmaß an lokalisierbarem Gebiet »fünf oder sechs Straßenblöcke und das Innere eines großen Gebäudes«[26] umfasse. In der Geschichte der ›elektronischen Fußfessel‹ bleibt Ralph Schwitzgebels Apparatur daher ein episodenhafter Prolog, der ab den frühen siebziger Jahren in Vergessenheit gerät. Bedeutsam für die Genealogie digitaler Menschenbilder ist aber, dass der vermutlich früheste Einsatz von Ortungstechnologie zur Lokalisierung einzelner Menschen, ähnlich wie in der Wissensgeschichte des ›Profils‹, auf der Expertise angewandter Psychologie bei der Verbrechensbekämpfung beruht. Und diese Expertise ist darauf aus, das Verhalten labiler oder devianter Individuen durch technische Medien zu steuern und zu korrigieren: ›Behavior Modification‹ lautet der Fachbegriff, unter den Schwitzgebel 1971 seine große Broschüre über den Einsatz von ›elektronischen Rehabilitations-Systemen‹ in psychiatrischen und kriminalistischen Zusammenhängen stellt.[27] Immer wieder betont der Psychologe dabei den humanistischen Impuls seiner Arbeiten; in einer Zeit, in der sich in den USA eine dramatische Überfüllung der Haftanstalten abzeichnet und die Suche nach alternativen Strafvollzugsmodellen beginnt, sollen die Apparaturen, wie er feierlich schreibt, dazu beitragen, »dass Gefängnisse einmal als Museen vergangener Unmenschlichkeit«[28] wahrgenommen werden. Doch gekoppelt ist dieser Humanismus an den unerbittlichen Zugriff normativer Verhaltenspsychologie auf das Subjekt, und die vermeintlich ethischen Grundlagen einer Strafreform stellen sich, wie Foucault gelehrt hat, in erster Linie als Bemühen um größere Effizienz heraus: »Wenn das spezifische Verhalten von Straftätern in deren eigener Umgebung präzise vorhergesagt und überwacht werden kann«, so Schwitzgebels Credo schon 1964, »dann ist Inhaftierung kein notwendiges Mittel mehr, um sie zu kontrollieren und die Gesellschaft zu schützen.«[29]

Dass die Idee der elektronischen Ortung delinquenter Personen Ende der siebziger Jahre ein zweites Mal Gestalt annimmt und nun auch zu einer staatlich verordneten Strafpraxis führt, ist offenbar auf die Comic-Lektüre eines amerikanischen Juristen in der Stadt Albuquerque zurückzuführen. Der Bezirksrichter Jack Love hat in Gesprächen zumindest selbst die Geschichte gestreut, dass ihn ein kurzer *Spiderman*-Zeitungscomic im Sommer 1977, in dem der Bösewicht Kingpin dem Superhelden einen Ortungssender am Arm installiert, zu seinem Konzept der automatischen Lokalisierung von verurteilten Straftätern inspiriert hätte. »Dieses übergroße Armband«, sagt Kingpin in der Szene triumphierend, »ist ein elektronisches Radargerät, das es mir jederzeit erlaubt, deinen Standort zu bestimmen! Du kannst es nicht einmal mit deinen Wunderkräften entfernen! Das kann nur mein unsichtbarer Laserschlüssel!«[30] Würde man, so Jack Loves Eingebung beim Lesen des Comics, dieses Verhältnis zwischen Gut und Böse umkehren, ergäbe sich ein brauchbares Mittel des Strafvollzugs außerhalb der überlasteten Haftanstalten. Die zehn Jahre zurückliegenden Versuche

Der *Spiderman*-Comic vom August 1977, der einen Richter in New Mexico zum Bau der elektronischen Fußfessel inspiriert haben soll

Schwitzgebels mit ›Verhaltenselektronik‹ sind dem Richter offenbar unbekannt. Doch da er keine Ausdehnung der Positionsbestimmung auf ganze Stadtviertel im Sinn hat, sondern nur eine elektronisch optimierte Variante der alten Strafform ›Hausarrest‹, ist die technische Realisierung seines Ortungsverfahrens einfacher und praktikabler.

In den Jahren nach seiner Initiationslektüre bemüht sich Jack Love, bestärkt von einem fatalen Gefängnisaufstand in seinem Bezirk, dieses alternative Modell des Strafvollzugs in die Tat umzusetzen. Seinen Berichten zufolge versucht er lange Zeit vergeblich, einige große Computerunternehmen von der Entwicklung von Modellgeräten zu überzeugen; ein Mitarbeiter dieser Firmen jedoch beginnt eigenständig mit dem Bau von Funksendern in der Größe einer Zigarettenschachtel und gründet ein Unternehmen namens ›NIMCOS‹ (›National Incarceration Monitor and Control Services‹). 1983 führt Love zunächst einen drei Wochen währenden Selbstversuch mit dem Sender am Unterschenkel durch, um die Zuverlässigkeit der Signalübertragung zu testen; nach der juristischen Genehmigung der Maßnahme für den Bundesstaat New Mexico verurteilt er im April des Jahres den ersten Straftäter – einen Dreißigjährigen, der gegen seine Bewährungsauflagen verstoßen hat – zu einem vier Wochen langen, elektronisch überwachten Hausarrest. Insgesamt fünf Bewährungsbrecher werden in Albuquerque in den Monaten darauf mit dieser Art von Freiheitsentzug bestraft, bevor das Experiment aufgrund von technischen Unzulänglichkeiten und finanziellen Problemen der Produktionsfirma abgebrochen wird. Etwa zur gleichen Zeit aber beginnt in Palm Beach im Bundesstaat Florida ein ähnlicher Versuch, kurze Bewährungsstrafen oder den Rest bereits verbüßter Haftstrafen im Modus des elektronisch überwachten Hausarrests auszusprechen. Diese Maßnahme gilt Rechtshistorikern als die erste »voll funktionierende«[31] automatische Standortermittlung in der Geschichte des Strafvollzugs, und offenbar arbeitet das System in Florida so zuverlässig, dass sich sein

Einsatz rasch ausbreitet. In den USA haben im Jahr 1988 bereits 33 Bundesstaaten die ›elektronische Fußfessel‹ eingeführt; in Europa beginnen 1989 in Großbritannien und fünf Jahre später in Schweden die ersten Modellversuche.

In der Anfangszeit der Ortung verurteilter Straftäter ist das Gebiet der Überwachung auf die Wohnung des Delinquenten beschränkt. Bei dem vorherrschenden System der Lokalisierung am Ende der achtziger Jahre überträgt der Sender am Handgelenk oder Knöchel, der inzwischen nur noch gut hundert Gramm wiegt,[32] ein regelmäßiges Funksignal, das über einen Empfänger in der Telefonbuchse an die Computer der Kontrollstation einer Justizvollzugsanstalt gelangt; die Reichweite dieses Signals beträgt etwa sechzig Meter. Mit dem Aufkommen der GPS-Technik seit Mitte der neunziger Jahre und vor allem mit der Präzisierung des zivil verfügbaren Signals ab dem Jahr 2000 vervielfältigen sich die Anwendungsmöglichkeiten des Systems: Jetzt reicht ein kleiner Sender am Körper des Delinquenten aus, um seine genaue Position auf allen seinen Wegen zu verfolgen. Ralph Schwitzgebels Traum ist wahr geworden. Das Verfahren der Lokalisierung kann unter diesen Bedingungen ganz auf den spezifischen Fall des Delinquenten zugeschnitten und über exakt definierte Ein- und Ausschlusszonen programmiert werden: der verurteilte Stalker, der sich dem Wohnhaus seiner ehemaligen Geliebten nicht mehr nähern darf; der auf Bewährung entlassene Exhibitionist, der alle Schulen, Kindergärten und Spielplätze in der Stadt meiden muss.

In Deutschland wird das Konzept der ›elektronischen Aufenthaltsüberwachung‹, wie die Strafpraxis offiziell heißt, zum ersten Mal Anfang der 1990er Jahre auf Juristentagen diskutiert. 1997 richtet der Bundesrat unter dem Eindruck der vielen europäischen Modellversuche eine Arbeitsgruppe ›Elektronisch überwachter Hausarrest‹ ein, die in ihrem Abschlussbericht die Erprobung der Sanktionsform als möglichen Ersatz für eine bis zu sechs Monate während Freiheitsstrafe empfiehlt. Der gleichnamige Gesetzesentwurf, den der Bundestag im Jahr 1999 diskutiert, wird zwar nie verabschiedet (2006 überträgt der Bund die Zuständigkeit für das Strafvollzugsrecht vielmehr auf die einzelnen Länder); dennoch führt Hessen ab dem Jahr 2000 als erstes Bundesland die Methode zur Vermeidung von Untersuchungshaft oder zum Aussetzen einer Reststrafe ein. Laut Gesetzgeber soll damit »besser überwacht werden, ob der Verurteilte der Weisung nachkommt, sich zu bestimmten Zeiten in seiner Wohnung aufzuhalten oder nicht aufzuhalten, um ihn so an einen geregelten Tagesablauf zu gewöhnen«. Pro Jahr wird dieses Verfahren in Hessen bei rund siebzig Delinquenten angewendet, bis 2010 bei insgesamt 709 Personen:[33] Zahlen, die belegen, dass die elektronische Ortung von Personen im deutschen Strafvollzug lange Zeit eine eher selten angewandte Sanktionsform ist.

Ein Urteil des Europäischen Gerichtshofes für Menschenrechte sorgt zu dieser Zeit aber für ein neues juristisches Einsatzgebiet der GPS-Technologie und einen sprunghaften Anstieg der auf diese Weise überwachten Delinquenten. Das Straßburger Gericht erklärt 2009 jede Sicherheitsverwahrung nach Ende des Gefängnisaufenthalts, die länger als zehn Jahre dauert, für menschenunwürdig, und der Justizapparat in Deutschland und anderen Ländern ist fast von einem Tag auf den anderen mit der Frage konfrontiert, wie die unvermittelt entlassenen Langzeithäftlinge weiterhin kontrolliert werden könnten. In ungewohntem Tempo wird daher ein Paragraph zur ›Neuordnung des Rechts der Sicherheitsverwahrung‹ in das Strafgesetzbuch eingearbeitet, der bereits Anfang 2011 in Kraft tritt. Er ist, so einer der beteiligten Juristen, von dem »Bestreben« geleitet, »das Instrumentarium für die Überwachung der sich in Freiheit befindlichen ehemaligen Sicherungsverwahrten effizienter zu gestalten«.[34] Eine der im Gesetz verankerten ›begleitenden Regelungen‹ betrifft die automatische Ortung von Personen, die eine Freiheitsstrafe von mindestens drei Jahren vollständig verbüßt haben oder aus dem Maßregelvollzug entlassen worden sind; diese Personen können angewiesen werden, »die für eine elektronische Überwachung ihres Aufenthaltsortes erforderlichen technischen Mittel ständig in betriebsbereitem Zustand bei sich zu führen und deren Funktionsfähigkeit nicht zu beeinträchtigen«.[35]

In einem kritischen Aufsatz über die in Hessen begonnenen Ortungsmaßnahmen heißt es im Jahr 2000: »Im Prinzip fehlt hierzu nur noch das als elektronische Fessel gestaltete Handy.«[36] Man könnte sagen, dass diese sarkastisch formulierte Prognose eingetroffen ist, aber eben nicht als weitere Etappe auf dem Weg zum autoritären Überwachungsregime, den die Autoren anmahnen. Ohne Zweifel ist das heutige Smartphone ein allgegenwärtiges Ortungsinstrument, das jede Bewegung des Nutzers im Raum aufzeichnet; es folgt jedoch einer ganz anderen Logik als die ›elektronische Fußfessel‹, ist kein Sanktionsmittel einer staatlichen oder polizeilichen Instanz, sondern ein frei verfügbares Vehikel der Selbstermächtigung.

Besonders augenfällig wird dieses ambivalente Verhältnis in Form der vor kurzem auf den Markt gebrachten ›Apple Watch‹: Seit Schwitzgebels Zeiten wurden die Sender zur Lokalisierung von Delinquenten genauso häufig an Handgelenken wie an Knöcheln angebracht, und wenn man die im Strafvollzug eingesetzten Ortungsbänder mit der Apple Watch vergleicht, zeigt sich auch in der Gestaltung eine überraschende Ähnlichkeit. Nicht umsonst benutzen die amtlichen Beschreibungen des Kontrollsenders immer wieder die Uhr als Referenz: »Die elektronische Überwachung«, heißt es in einem juristischen Kommentar zum Gesetz von 2011, »wird in den Medien regelmäßig eingängig als ›Elektronische Fußfessel‹ bezeichnet. Die Bezeichnung führt allerdings in die Irre. In der nun vom Gesetzgeber realisierten Form hat das Instrument nicht viel mit einer Fessel gemein. Der Proband wird nicht an etwas gefesselt. Er ist vielmehr lediglich kraft richterlicher

Links ein Gerät zur elektronischen Überwachung von Straftätern (2009). Rechts die ›Apple Watch 1‹ (2015)

Weisung verpflichtet, ein Gerät, das aussieht wie eine (größere) Armbanduhr, ständig im betriebsbereiten Zustand (fixiert) an seinem Körper zu tragen.«[37]

Zwei mit GPS-Technologie ausgestattete Geräte am Arm der Menschen: das eine ein Kontrollmedium der Justiz, von dem die Kritiker sagen, seine größte Gefahr bestehe darin, den Träger in seinem Lebensumfeld durch ein sichtbares Zeichen zu ›stigmatisieren‹, das andere ein umworbenes Statussymbol, für das es sich am Erstverkaufstag im April 2015 für Hunderte von Kunden in New York, London oder Tokio lohnte, eine Nacht lang Schlange zu stehen, um als einer der ersten 400 Euro für das Gerät auszugeben. Gewiss, die Unterschiede zwischen einem gerichtlich angeordneten Überwachungsband, das in der Frühzeit die Einsperrung des Betroffenen in seiner Wohnung bedeutet hat, und einem selbständig erworbenen, einschränkungslos benutzbaren Kommunikationsgerät sind beträchtlich. Rein signaltechnisch äußert sich dieser Unterschied bereits darin, dass die Ortungsdienste des Smartphones oder der Smartwatch nur Daten empfangen (die Weitergabe des eigenen Aufenthaltsorts muss der Nutzer selbst veranlassen), das zu Fahndungszwecken eingesetzte Geräteensemble aber empfängt und sendet. Dennoch bleibt die Frage, was die kollektive Lust an der Selbstüberwachung und Selbstortung in den letzten zehn Jahren für den Status des Subjekts in der Gegenwart bedeutet. Das »als elektronische Fessel gestaltete Handy« – im Jahr 2000 eine Schreckensvision – ist heute banale Realität, aber diese Fessel wird nicht als einschneidend empfunden, sondern als befreiend, sozial und identitätsstiftend. Als klarstes Argument für die Verschiedenartigkeit der beiden Apparate ließe sich anmerken, dass der Kontrollsender dem Delinquenten aufgezwungen und die Ortungsfunktion des Smartphones vom Nutzer freiwillig verwendet wird. Aber diese Differenz ist nicht so schroff und kategorisch, wie sie im ersten Moment scheint; von beiden Enden her gibt es Tendenzen der Annäherung. Denn auf der einen Seite machen nahezu alle amerikanischen und europäischen Gesetze zur elektronischen Aufenthaltsüberwachung in den letzten dreißig Jahren das Einverständnis des Betroffenen zur Voraussetzung der Anwendung (es gehört zur vielzitierten Effizienz dieser Straftechnik, dass sie, im Gegensatz zum Gefängnis, vom Delinquenten auch *gewollt* sein muss).[38] Zum anderen ist die Freiwilligkeit der Selbstortung auf dem Smartphone insofern zu relativieren, als sich die Effekte der Lokalisierungsfunktionen, wie etwa der erwähnte Dienst ›Häufige Orte‹, oft in den Tiefenschichten des Betriebssystems verbergen, unsichtbar für den alltäglichen Gebrauch. Es ist mit Aufwand verbunden und schließt die Nutzer von flächendeckend etablierten Infrastrukturen aus, wenn sie die Ortungsfunktion ihres Mobiltelefons abstellen; Freiwilligkeit und Notwendigkeit der Selbstlokalisierung gehen also fortwährend ineinander über.

Für Ralph Schwitzgebel lag die Aufgabe der von ihm konzipierten Modellgeräte in den 1960er Jahren in der ›Verhaltenskorrektur‹ von Kranken und Verbrechern, und dieser Wunsch steht auch ein halbes Jahrhundert später noch im Zentrum des strafrechtlichen Einsatzes elektronischer Überwachung: Der Sender am Arm oder Bein eines aus langer Sicherheitsverwahrung entlassenen Delinquenten ist laut Gesetzgeber »die einzige Möglichkeit, in geeigneter Form noch verhaltenssteuernd einzuwirken«.[39] Was aber bedeutet diese Kategorie für die Selbstortungsleidenschaften der digitalen Kultur? Welche ›Verhaltenssteuerung‹ geht von den internen Diensten und zusätzlichen Anwendungen auf den Smartphones und Smartwatches aus, die die räumliche Position ihres Nutzers Dutzende Male am Tag bestimmen und weiterleiten? Im Vergleich zu den strikten Auflagen der elektronischen Überwachung verurteilter Straftäter ist die Intensität der Ortung in der Alltagskommunikation weitaus höher. So wird etwa die Wohnung des Betroffenen »grundsätzlich als erhebungsfreier Raum von der Überwachung ausgenommen«,[40] wie es im ›Gesetz zur Neuregelung des Rechts der Sicherungsverwahrung‹ heißt: eine Einschränkung, die die Konformität der dauerhaften Lokalisierung mit Grundrechten wie dem ›Recht auf informationelle Selbstbestimmung‹ gewährleisten soll. Befindet sich der Delinquent in seiner eigenen Wohnung, dürfen keine detaillierten Bewegungsprofile angelegt werden; die Erhebung reduziert sich in diesem Fall auf die Information, dass er anwesend ist. In der juristischen Diskussion dieser Strafmaßnahme spielt zudem auch immer wieder die Frage eine Rolle, ob nicht die Erstinstallation des Sende- und Empfangsgeräts in der Wohnung des Überwachten bereits eine Übertretung der Persönlichkeitsrechte bedeute.

Die juristisch angeordnete Lokalisierung von Straftätern ist also, mit einer Vokabel der Rechtswissenschaft gesprochen, weit weniger »eingriffsintensiv«[41] als die Selbstortung auf dem Smartphone. Und es macht die ambivalente Disposition unserer Gegenwart aus, dass sich die bis zum Ende des 20. Jahrhunderts befürchteten Dystopien der totalen Erfassung gleichzeitig verwirklicht und nicht verwirklicht zu haben scheinen. Der Kriminologe Thomas Feltes gestaltete in einem Aufsatz von 1988 ein »futuristisches Szenario« über »Kriminalität und soziale Kontrolle im 21. Jahrhundert«, in dem er sich künftige Strafpraktiken des Jahres 2017 »vor dem Hintergrund aktueller Entwicklungen« wie der elektronischen Aufenthaltsüberwachung vorzustellen versuchte. Wie immer in der Science-Fiction sagen Zukunftsbilder vor allem etwas über die Zeit aus, in der sie entworfen werden: Feltes hat zwar ein Gespür für die kommenden technischen Veränderungen – die »am Hand- oder Fußgelenk zu tragenden Sender wurden immer kleiner, die Reichweiten dagegen immer größer« –, doch die prognostizierten Bedingungen des Gebrauchs sind nur als Verstärkung jener kollektiven Erfassungsangst denkbar, die die achtziger Jahre prägte. Von einer kleinen Senderkarte, die jeder Mensch ständig bei sich trägt, Identifikations- und Lokalisationsmittel in einem, führt der von Thomas Feltes imaginierte Weg zu einem Chip unter der Kopfhaut, der »nur zur allgemeinen Kontrolle etwa alle zehn Jahre ausgetauscht werden muß«. Die Machtverhältnisse sind dabei eindeutig: Es ist eine nicht näher bezeichnete staatliche Autorität, die die Individuen steuert. »Von außerhalb«, so Feltes, kann dieser Chip »beliebig programmiert werden – seiner Aufnahmekapazität sind so gut wie keine Grenzen gesetzt.«[42]

Doch genau diese politische Perspektive auf technisch optimierte Kontrolle ist 1988 eine genuin zeitgenössische, befeuert von den Debatten um ›Volkszählung‹, ›maschinenlesbaren Personalausweis‹ und die Realisierung des von Orwell erdachten ›Big Brother‹.[43] Was sich der Kriminologe vor dreißig Jahren nicht vorstellen konnte, war eine (heute eingetretene) Konstellation, in der die Wirkungsweise der Karten, Sender und Chips zwar genau die vorhergesagte Reichweite und Intensität erzielt, diese Entwicklung aber keinen Staatstotalitarismus hervorbringt, sondern eine freie Gemeinschaft hochvernetzter, ihre Ansichten, Informationen und Aufenthaltsorte unablässig ›teilender‹ Menschen. Feltes erklärt die kommende Herrschaft der Technologie im Jahr 2017 zum Triumph eines »postmodernen Nihilismus«, dessen Saat er zum Zeitpunkt des Schreibens schon in Bewegungen wie ›No Future‹ und ›New Wave‹ gelegt sieht.[44] Nichts könnte weiter entfernt sein von der Sozialutopie der gegenwärtigen Sharing-Kultur, von den leuchtenden Augen Mark Zuckerbergs und seinem gebannt lauschenden Publikum oder den beseelten jungen Familien auf der Airbnb-Website, als die weltverneinenden Punks vor 35 Jahren.

Lokalisierungsspiele

Mit der elektronischen Überwachung von Verdächtigen und Straftätern zeichnet sich ab den 1970er Jahren also jener erste große Einschnitt im Gebrauch von Ortungstechnologie ab: Die rein militärisch genutzte Positionsbestimmung von Transportmitteln und Waffen weitet sich auf die polizeiliche oder juristisch verordnete Lokalisierung einzelner Menschen aus. Wie vollzieht sich aber jene zweite Zäsur genau, von der Ortung abweichender Individuen zu den allgegenwärtigen Kommunikationsformaten digitaler

Kultur? Welche technologischen, kulturellen und mentalen Umstellungen sind nötig, um die ständige Lokalisierung einer Person, bis vor kurzem eine kritisch beäugte und nur in Ausnahmesituationen erlaubte Praxis, zur Basis von spielerischen Handlungen, Geschäftsmodellen und Liebesanbahnungen zu machen? Im Jahr 1995, als das ›Global Positioning System‹ vollständig seinen Betrieb aufnimmt, schreibt ein Veteran unter den Ortungsingenieuren bereits: »Kurz über lang wird in allem, was sich bewegt, ein GPS-Chip integriert sein, und damit meine ich jedes Telefon, jeden tragbaren PC, jedes Fahrzeug, jeden Wanderer.«[45] Zu diesem Zeitpunkt sind mobile Navigationssysteme in Autos schon ein aufblühender Geschäftszweig; am Ende der neunziger Jahre sorgen diese Systeme dafür, dass sich »die Nutzung digitaler Verortungstechnik erstmals massenweise verbreitet«.[46] Verfahren individueller Positionsbestimmung gehen aber noch nicht mit dem bereits umfassenden Gebrauch von Mobiltelefonen einher. Für diese Synthese von Ortungs- und Kommunikationsinstrument sind am Anfang des Jahrhunderts vielmehr drei Entwicklungen verantwortlich: das mobile Internet, der präzise, auch in urbanen Umgebungen störungsfreie Empfang von GPS-Signalen und, ein wenig später, das gebündelte Angebot von Anwendungsdiensten in den ›App Stores‹. Aus der Verbindung dieser drei Faktoren erwächst der Gerätetyp ›Smartphone‹.

Auf die Etablierung der Ortungsdienste in der digitalen Kultur hat das Ende der künstlichen Verschlechterung von GPS-Signalen einen fast unmittelbaren Effekt. Im Mai 2000 hebt die amerikanische Regierung wie erwähnt diese Einschränkung für den zivilen Gebrauch auf, und sofort erfährt die Entwicklung von sogenannten ›Location-Based Services‹ einen Konjunkturschub. »Die Aussage ist nicht übertrieben«, schreibt der Medienhistoriker Jordan Frith rückblickend, »dass bis heute keine Ortungsdienste existieren würden, wenn die Regierung den ›eingeschränkten Zugang‹ beibehalten hätte.«[47] Der Personenkreis, der diese Dienste in Anspruch nehmen kann, ist anfangs aber noch gering; in den Jahren nach 2002, in denen internetfähige Handys vorwiegend mit der Marke Blackberry assoziiert werden, gelten die Geräte eher als Elitesymbol von Geschäftsleuten. Diese Konstellation ändert sich jedoch schlagartig ab dem Jahr 2007. Apple bringt am 29. Juni das iPhone und ein Jahr später den ›App Store‹ auf den Markt; ab Oktober 2008 ist auch das erste mit dem von Google entwickelten Betriebssystem Android ausgestattete Smartphone und eine entsprechende Plattform für Softwareanwendungen namens ›Android Market‹ (dem heutigen ›Google Play‹) erhältlich. Diese Apparate und Plattformen, betrieben mit dem schnelleren Datenverarbeitungsstandard 3G, verwandeln das Smartphone in rasantem Tempo in einen Alltagsgegenstand; am Ende des Jahres 2008 besitzt fast ein Drittel aller Europäer ein solches Gerät.[48]

Ortungsdienste sind von Anfang an Teil des Angebots. Mit der Apple-Anwendung Loopt und dem für Google Maps entwickelten Dienst Latitude kann der Smartphone-Nutzer einem ausgewählten Kreis von Bekannten laufend den eigenen Standort anzeigen. »Mit Freunden in Kontakt zu bleiben, ist schwer«, heißt es in einem frühen iPhone-Werbespot von 2008, »aber mit Loopt aus dem App-Store weißt du immer, was sie machen, und wo sie sind.« Selbstortung als Kommunikationsformat der digitalen Kultur beginnt sich zu etablieren. Im Jahr 2009 wird schließlich Foursquare gegründet, jene spielerische Anwendung, die bis zu ihrer Umgestaltung im Jahr 2014 als meistverwendeter ›Location-Based Service‹ mit rund fünfzig Millionen Nutzern gilt, eine Mischung aus Ortungsdienst und Sozialem Netzwerk, das seine Nutzer dazu ermuntert, sich bei der Ankunft in Bars, Cafés oder Restaurants mit dem Smartphone ›einzuchecken‹ und den eigenen Aufenthaltsort mitzuteilen, um Bekannte im Gewirr des Nachtlebens leichter zu treffen und nach möglichst vielen ›check-ins‹ von den bei Foursquare verzeichneten gastronomischen Einrichtungen mit Freigetränken belohnt zu werden.

Die neue Beliebtheit der Selbstortung, in Verbindung mit den zeitgleich entstehenden Sozialen Netzwerken, korrigiert in dieser Zeit, wie im Zusammenhang mit dem ›Profil‹-Format beschrieben, einige Gründungsphantasien des Mediums Internet. »Wir werden uns in digitalen Nachbarschaften zusammenfinden, in denen der physikalische Raum keine Rolle mehr spielt«,[49] heißt es in Nicholas Negropontes Manifest *Total Digital* von 1995. Voraussetzung dieser frühen Freiheitsutopien ist die Ortlosigkeit der Kommunikation im Netz; wo der Internetnutzer sich tatsächlich aufhält, wenn er sich im Cyberspace bewegt, ist unerheblich. Genau diese Emanzipation von Identitäts- und Positionszuschreibungen endet mit dem Aufkommen von Sozialen Medien und Smartphones; jener Übergang, der in der Geschichte des Internets mit dem 2004 geprägten Schlagwort ›Web 2.0‹ verbunden ist, bedeutet in erster Linie, dass die Nutzer nun feste Identitäten und Positionen haben müssen: ein ›Profil‹ und einen ›Standort‹. Das vielbeschworene Soziale als neuer Disposition des Netzes ist also gleichbedeutend mit der Übernahme polizeilicher Fahndungstechniken. In Gestalt des ›Web 2.0‹ hat das Medium Internet einen Prozess der Devirtualisierung erfahren.

Eine soziale Praxis, die diesen elementaren Wandel wesentlich begünstigt hat, ist das Spiel. Seit der Wende zum 21. Jahrhundert gehörte das sogenannte ›Geocaching‹, eine von elektronischen Ortungsmedien geleitete Schnitzeljagd, zu den ersten Anwendungen von GPS-Technologie durch Privatpersonen. Auch Smartphone-Dienste wie Foursquare haben ihre Popularität vornehmlich daraus gezogen, dass die bloße Lokalisierung der Nutzer in einen spielerischen Wettstreit eingebettet war.[50] Der veränderte Status der Georteten, vom Opfer zum souveränen Akteur, vom Devianten zum unbescholtenen Normalbürger, vollzieht sich also im Modus des Spiels; die Foursquare-App ist ein erfolgreiches Beispiel für jenen Prozess der digitalen Kultur, den man ›Gamifizierung‹ nennt und der für Strategien steht, spielferne Interessen – etwa das Geschäftsmodell, mit Hilfe der Ortungsdaten von Menschen Geld zu verdienen – durch Elemente des Spiels möglichst effektiv in die Tat umzusetzen.

Die interessanteste Ausprägung dieser Lokalisierungsspiele ist, neben den kurzzeitigen Massenaufläufen durch Pokémon Go, zweifellos Ingress, ein Ende 2012 in Testversionen eingeführtes und seit 2014 auf iPhones und Android-Handys funktionierendes Augmented-Reality-Game, das inzwischen von Millionen Menschen gespielt wird und bei zentral organisierten Treffen in amerikanischen, europäischen oder asiatischen Großstädten regelmäßig eine große Masse von Teilnehmern zusammenführt. Das Ingress-Spielfeld ist die ganze Welt, in Gestalt der futuristisch verfremdeten Karte von Google Maps; die Aktivierung als Teilnehmer erfolgt nach dem Herunterladen der Anwendung durch die Erlaubnis, sich entweder für die Dauer der Spielzeit oder ununterbrochen lokalisieren zu lassen: »Ingress ist ein standortbezogenes Spiel«, heißt es auf dem Display bei der Erstanmeldung, »dein Standort wird von dieser App erfasst und kann für andere Nutzer sichtbar sein, wenn du bestimmte Aktionen ausführst.« Die Ausgangsgeschichte des Spiels besteht darin, dass eine Geheimorganisation die Welt mit mysteriösen Energieströmen überzogen hat, die sich an bestimmten Orten, ›Portale‹ genannt, konzentrieren. Diese ›Portale‹ sind reale Bauwerke, Denkmäler, Geschäfte, Cafés, Kioske; jeder Ingress-Nutzer kann neue Orte vorschlagen, indem er ein Foto an die Firmenzentrale verschickt und das ›Portal‹ prüfen und verzeichnen lässt. Die Masse der Spieler teilt sich in zwei Fraktionen, in die ›Erleuchteten‹, die von der Energie profitieren wollen, und in den ›Widerstand‹, der sie bekämpft; bei der Anmeldung muss man sich entscheiden, zu welcher Gruppe man gehören will. Ziel des Spiels ist es, auf der Straße mit dem Smartphone in der Hand solche ›Portale‹ zu entdecken (in Berlin etwa gibt es aufgrund der hohen Teilnehmerzahl inzwischen fast an jeder Ecke eines), sie mit Hilfe anderer Spieler in die Gewalt der eigenen Fraktion zu bringen und sie letztendlich mit zwei anderen ›Portalen‹ zu einem Dreieck im Raum zu verbinden, über eine Straße, eine Stadt, ein Land oder sogar über ein Weltmeer hinweg. Es gibt offenbar zahlreiche Menschen, die ihre Urlaube heute nach der Möglichkeit planen, durch die Verabredung mit Spielern auf einem anderen Kontinent, mit denen man über die Ingress-App in ständigem Kontakt steht, ein möglichst großflächiges Dreieck zu ziehen und die eigene Fraktion bei der weltumspannenden Herrschaft über die fremde Energie im Raum voranzubringen.

Unabhängig davon, wie faszinierend oder bizarr man dieses Spiel, eine Mischung aus Geocaching und Fantasy-Rollenspiel, auch findet: Aufschlussreich an Ingress und seinen inzwischen mehr als drei Millionen ›Portalen‹ weltweit ist ein neuartiges Verhältnis zwischen der Fiktionalität der spielerischen Erzählung und der Realität des Raums, in dem sich die Spieler bewegen. Was in der Grundnarration von Ingress wie eine paranoide Phantasie inszeniert wird – Energieströme, die die Welt überziehen, ›Inspirationspartikel‹,[51] die eingesammelt werden müssen –, bedeutet in ortungstechnischer Hinsicht einfach, dass das betreibende Unternehmen, der Google-Ableger Niantic Games, minuziöse Aufenthalts- und Bewegungsprotokolle von zahllosen Nutzern erhält. »Du glaubst, es ist ein Spiel, das du heruntergeladen hast, aber das ist es nicht«, sagt die raunende Stimme bei der Anmeldung, um die Intensität der Herausforderungen zu unterstreichen, und in einem leicht verschobenen Sinne stimmt dieser Satz auch genau. Ingress mag ein unterhaltsames, Suchtgefühle hervorrufendes Spiel sein, das die Spieler auf jedem Weg, jeder Reise wie eine reizvollere Verdoppelung der Wirklichkeit begleitet; als Paradebeispiel der Gamifizierung ist es aber auch ein mächtiges Vehikel zur Sammlung und Steuerung von Nutzerwegen. Im Jahr 2014 ging Niantic Games etwa eine Kooperation mit der Firma Vodafone ein und verwandelte sämtliche Filialen des Mobilfunkkonzerns einige Zeit lang in ›Portale‹. Man muss an Ralph Schwitzgebel und seine ›Verhaltenselektronik‹ denken, die in diesem Konzept mit mustergültiger Konsequenz aufgeht; durch spielerisch organisierte Lenkung nähern sich zahllose potentielle Kunden von ganz allein den durch diesen Zusammenschluss vorgegebenen Marketingzielen.

Die so beiläufig wie umfassend vollzogene Ortung führt allerdings auch dazu, dass die Spuren im Raum für die Teilnehmer selbst lesbar werden. Auf dem Bildschirm des Smartphones, das jedem Ingress-Nutzer um den Pfeil des eigenen Standorts herum einen Radius von maximal 500 Metern anzeigt, erscheinen zwar keine anderen Spieler, aber ihre Anwesenheit ist indirekt erfassbar über einen laufend aktualisierten Ticker unten am Display, der Aktivitäten in der Nähe anzeigt und auf Ingress-Fanseiten in Gestalt von Karten dargestellt wird. Ein Spieler kann sich also stets informieren, welcher Nutzername in seiner Nachbarschaft zu welcher Zeit ›Portale‹ besetzt, kann die Wege und bevorzugten Aufenthaltsorte dieser Person mitverfolgen und mit ein wenig Beharrlichkeit und Kombinationsgabe das reale Wohnhaus und die täglichen Wege zur Arbeit rekonstruieren. Denn unter der Oberfläche der grün- und blauschimmernden Phantasieströme der Ingress-Welt befindet sich der reale Stadtplan; einem regelmäßigen Nutzer präsentieren sich die Bewegungen der Mitspieler in der Nachbarschaft also in aller Vollständigkeit. Welche Geschichten, welche Verzweigungen wären in dieser Konstellation denkbar (oder sind bereits geschehen)? Ein Einbrecher etwa, vertraut mit Augmented-Reality-Games, der in einem Villenviertel einen leidenschaftlichen Ingress-Spieler ausspäht und irgendwann genau weiß, dass er zu bestimmten Zeiten für längere Zeit außer Haus ist?

Der verlässlich gerasterte Ingress-Kosmos bietet, wie auch die zu Beginn dieses Kapitels beschriebenen Ortungsdienste, eine unerschöpfliche Quelle des *Verdachts*. Aber womöglich ist genau diese Assoziation, dieser Begriff in der digitalen Kultur bereits Zeugnis einer überkommenen Logik, veraltetes Paradigma von Wissens- und Erkenntniskonstellationen, in der jede Spur auf einen Fall, jedes Detail auf einen größeren Zusammenhang wies. Der Soziologe Luc Boltanski hat kürzlich eine historische Blütezeit der Wissenschaften und Erzählungen vom Verdacht untersucht, die Jahrzehnte um 1900, in denen fast gleichzeitig das Krankheitsbild der Paranoia in der Psychiatrie und der Kriminal- und Spionageroman in der Literatur entstanden – zwei Modelle, in denen die Wirklichkeit nicht das ist, was sie auf den ersten Blick zu sein vorgibt, in denen Rätsel und Komplotte eine echtere Welt hinter dem Schleier der sichtbaren Realität hervorbringen (durch die Analysekraft des Detektivs) oder hervorzubringen scheinen (durch die Wahnvorstellungen des Paranoikers). »Der Generalverdacht«, so Boltanski, stellt an der Wende zum 20. Jahrhundert »eine Geisteshaltung dar«: eine Konstellation, die auch für die zu dieser Zeit entstehenden Wissenschaften der Soziologie, Kriminalistik und Psychoanalyse gilt und die Carlo Ginzburg in einem berühmten Aufsatz einmal mit dem Begriff des ›Indizienparadigmas‹ benannt hat.[52]

Wie aber verhalten sich die Ortungstechnologien der digitalen Kommunikation zu diesem Weltverständnis? Als die Fahndung mittels Sendern und die Sanktionsform der ›elektronischen Fußfessel‹ in den achtziger und neunziger Jahren Gestalt annahm, argumentierten die Kritiker noch genau in Fortführung dieser Kategorien und Begriffe: Der »polizeiliche Zugriff auf technisierte Kontrollsysteme, die (zunächst) unabhängig von polizeilicher Verfügung existieren und betrieben werden«, hieß es 1995 in einem Aufsatz über das ›Global Positioning System‹ als neues Werkzeug der Kriminalistik, drohe »eine Gesellschaft des generalisierten Verdachts« hervorzubringen.[53] Heute vollzieht sich dieser Zugriff nicht nur für Polizei und Strafjustiz, sondern auch für Smartphone-Hersteller, Softwareentwickler oder Spieledesigner in nie gekannter Leichtigkeit. Das Paradigma des Verdachts ist engmaschiger denn je, aber es löst bei den Nutzern kein Unbehagen mehr aus.

3. Leibesvisitationen:
Die ›Quantified Self‹-Bewegung und
die Vermessung des Körpers

Der neue Wille zur Selbstvermessung resultiert aus dem Wissen um die Unzulänglichkeit des Menschen. Dies ist zumindest der Ausgangspunkt jenes Essays, der die aufkommende Praxis des ›Self-Trackings‹ in der digitalen Kultur einem breiten Publikum bekannt gemacht hat. Im April 2010 veröffentlicht der Technikjournalist Gary Wolf, zwei Jahre zuvor Mitbegründer der ›Quantified Self‹-Bewegung, einen Artikel im *New York Times Magazine*, der die Kluft zwischen der Objektivität maschinell ermittelter Körperdaten und der Fehlerhaftigkeit subjektiver Wahrnehmungs- und Ausdrucksweisen ins Zentrum der Argumentation stellt. »Viele Probleme des Menschen«, schreibt er, »entstehen einfach dadurch, dass uns die Instrumente fehlen, um uns besser zu verstehen. Wir haben ein schlechtes Erinnerungsvermögen; wir unterliegen einer Vielzahl von Vorurteilen; und wir können unsere Aufmerksamkeit nur ein oder zwei Dingen gleichzeitig widmen. Uns gehen also sowohl die körperlichen als auch die geistigen Mittel ab, um eine gültige Bestandsaufnahme unserer selbst vorzunehmen.« Und aus dieser ernüchterten Diagnose zieht er den Schluss: »Wir brauchen die Hilfe von Maschinen.«[1]

Wolf betont in seinem vieldiskutierten Text, dass das Vertrauen in die Beweiskraft von Zahlen in wissenschaftlichen, ökonomischen oder politischen Zusammenhängen von jeher unbestritten sei – allein das »behagliche Refugium des persönlichen Lebens« habe sich bis vor kurzem gegen dieses Erkenntnisinstrument gesträubt. Jede Art von Selbstdokumentation im Privaten, die über das Führen eines Tagebuchs hinausgeht, gelte als abseitig. Diese Anschauung erfahre laut Wolf nun aber eine radikale Korrektur. In den letzten Jahren sei eine »Explosion des Self-Trackings« zu beobachten; persönliche Daten über »Schlaf, Sport, Sex, Essen, Stimmung, Aufmerksamkeit, Produktivität, den eigenen Standort, sogar über das spirituelle Wohlbefinden werden aufgespürt und gemessen, geteilt und veröffentlicht«. Der Essay erwähnt eine Vielzahl aktueller Anwendungsbeispiele von ›Quantified Self‹-Anhängern, die jeden ihrer Schritte zählen oder fortwährend ihren Blutdruck aufzeichnen, die die Erholsamkeit ihrer Nächte durch ein Ensemble von Körpermessungen überprüfen oder ihren Gemütszustand minuziös dokumentieren. Allesamt sind es Personen, die, wie Wolf schreibt, vor kurzem noch als bizarre Einzelfälle abgetan worden wären, heute aber als Pioniere einer aufstrebenden Bewegung gelten. Sie ziehen »den Launen der Intuition die Verlässlichkeit der gewonnenen Daten« vor, ersetzen den »lückenhaften Fluss« des psychischen Lebens durch die klar voneinander zu scheidenden, benenn- und vernetzbaren Elemente eines »quantifizierten Selbst«.[2] Als Grund für die Konjunktur dieser Selbstvermessungspraktiken führt Wolf vier technologische Entwicklungen der vergangenen Jahre an: das Aufkommen kleinerer und leistungsstärkerer Sensoren, die umfassende Etablierung von mobilen Kleinstcomputern in Form des Smartphones, die

Sozialen Medien als Ort des Teilens von Messergebnissen und der praktisch grenzenlose, über die Kapazitätsgrenzen des einzelnen Geräts erhabene Datenspeicher der ›Cloud‹. Diese vier Dispositionen der digitalen Kultur hätten dafür gesorgt, dass die Gewinnung von Daten über den eigenen Körper, die eigene Psyche – bis vor kurzem eine aufwendige Prozedur, medizinischen oder wissenschaftlichen Laboren vorbehalten – heute selbständig möglich sei, allein mit Hilfe des Smartphones, in dem sich eine Vielzahl einst separater Identitätsbezeugungen vereinigen: Tagebuch, Gesundheitspass, Krankenakte, Personalausweis.

Die Erkennbarkeit des Menschen durch Vermessung: Gary Wolf setzt dieses Verfahren in Opposition zu einer anderen Technik, der er die Hoheit über das Wissen vom Selbst über das gesamte 20. Jahrhundert hinweg zuweist. »Vor hundert Jahren«, schreibt er, »hätte ein kühner Forscher, fasziniert vom Rätsel der menschlichen Persönlichkeit, vermutlich auf die neuen psychoanalytischen Konzepte von ›Verdrängung‹ und ›Unterbewusstsein‹ zurückgegriffen – Ideen, die von Leuten entwickelt wurden, die Sprache liebten. Heute sind diese therapeutischen Konzepte des Selbst allgemein verbreitet und in popularisierter Form zugänglich, doch auch sie«, so Wolf weiter, »haben den etwas weitschweifigen literarischen Humanismus ihrer Erfinder beibehalten. Vom schmachtenden Bekenntnis auf der Couch des Analytikers bis hin zu den Geschwätzigkeiten eines Selbsthilfe-Ratgebers vertrauen die bestimmenden Formen der Selbsterforschung darauf, dass der Weg zur Wahrheit über Worte führt.« Die Quantified-Self-Bewegung setzt diesem Sprachvertrauen »einen neuen Weg« entgegen: »Anstatt die Innenwelt durch Reden und Schreiben zu befragen, benutzen wir Zahlen« – eine Dichotomie, die sich auch als Gegenüberstellung von Konzepten der Tiefe und der Oberfläche äußert. Gary Wolf grenzt die Erkenntnisweisen und Ziele der Selbstvermessung scharf von den Ansprüchen der Therapiekultur ab: »Wenn wir uns selbst quantifizieren«, heißt es in seinem Aufsatz, »gibt es kein Bestreben, hinter unserem alltäglichen Leben eine tiefere Wahrheit zu entdecken. Anstatt dessen geht es uns darum, unsere trivialsten, beiläufigsten Gedanken und Handlungen, die wir ohne technische Hilfe nicht einmal bemerken würden, als das Selbst zu verstehen, das wir besser kennenlernen sollten.«[3]

Was Gary Wolf hier übersieht oder bewusst ausblendet, ist der Umstand, dass die Bevorzugung messbarer Daten gegenüber aufrichtigen Worten natürlich keinen radikal »neuen Weg« der Menschenkenntnis bedeutet, sondern die Neuauflage eines alten anthropologischen Zwiespalts. Die Frage, ob die Lesbarkeit des Menschen eher über Sprach- oder Körperzeichen möglich ist, hat die modernen Wissenschaften vom Menschen von Beginn an beschäftigt. Freuds ›talking cure‹ setzt in der Geschichte des Wissens vom Selbst daher nicht, wie Wolf nahelegt, ein referenzloses Gründungsparadigma; eher ist die psychoanalytische Methode in der Zeit um 1900 als mächtige Etappe in einer langen wissensgeschichtlichen Auseinandersetzung zu verstehen, die sich im berühmten ›Physiognomik-Streit‹ zwischen Johann Caspar Lavater und Georg Christoph Lichtenberg in den 1770er Jahren wohl zum ersten Mal verdichtet. Lichtenberg schrieb in seinen Aphorismen und Abhandlungen gegen die physiognomische Lehre an, seelische Regungen und Charaktereigenschaften aus den Gesichtszügen von Menschen entziffern zu können, aber sein Beharren auf der anthropologischen Erkenntniskraft von Sprache (»zehn Wörter aus der Sprache eines Volks sind mir mehr wert als 100 ihrer Sprachorgane in Weingeist«)[4] erwies sich im gesamten 19. Jahrhundert, im Zuge der neuentstehenden Humanwissenschaften und ihrer einflussreichen Repräsentanten, als zunehmend randständige Position. Galls Phrenologie, Brocas Schädelkunde, Lombrosos Kriminalanthropologie, Fechners und Wundts Psychophysik oder Galtons und Bertillons Anthropometrie zementierten vielmehr den Glauben an die objektive Vermessbarkeit des Menschen, seines Körpers und seiner Psyche; Prozesse der Normierung, Klassifizierung und Diskriminierung wurden auf der Basis dieser Vermessungsergebnisse beglaubigt. Und auch als sich die Psychoanalyse als Instrument der Selbsterkenntnis etablierte, nahm sie nicht, wie Wolf schreibt, eine exklusive, beinahe monopolartige Stellung im Wissen über das Individuum ein; konkurrierende Disziplinen wie die Psychotechnik oder später der Behaviorismus, die dem Innern des Menschen über Messwerte anstatt über Worte beikommen wollten, entfalteten im Lauf des 20. Jahrhunderts ähnliche Wirkungsmacht.

Es ist also nicht zuletzt aus diesen Gründen aufschlussreich, die Konjunktur der Selbstvermessungstechniken in der digitalen Kultur, die seit einem knappen Jahrzehnt reüssierenden Schlagwörter wie ›Quantified Self‹ oder ›Life-Logging‹, auf ihre wissensgeschichtliche Genealogie hin zu befragen. Der Ursprungsrhetorik ihrer Sprecher zum Trotz kommen diese Bewegungen keineswegs aus dem Nichts. Ihre konkrete Praxis geht zweifellos auf die technologischen Bedingungen der letzten 15 Jahre zurück, aber in den zugrundeliegenden Erkenntnisweisen werden die Muster früherer Vermessungswissenschaften sichtbar. Eines dieser Muster betrifft die Überzeugung der Self-Tracker, dass es zwischen den Körpern und den Daten einen jederzeit verlässlichen, gewissermaßen natürlichen Übersetzungscode geben muss. Die Messergebnisse sprechen die Wahrheit über das Selbst, und der Kanal, der das dunkle, amorphe Innere eines ›Körpergefühls‹ oder einer ›Stimmung‹ ins Licht der Zahlen und Kurven überführt, ist frei von Störgeräuschen, Irrtümern und Fehllektüren. Maschinell erzeugte Daten weisen keine Geschichte, keine Kontingenzen auf: Dieses Vertrauen leitet die ›Quantified Self‹-Bewegung, so wie es auch für die Vermessungslehren der Humanwissenschaften seit ihren Anfängen konstitutiv gewesen ist.

Grundsätzlich stellen die Aktivitäten des Self-Trackings jene Fragen nach dem Status des Subjekts in der digitalen Kultur, die bislang auch die Untersuchungen des ›Profil‹-Begriffs und der sich ausbreitenden Nutzung von Ortungstechnologie geleitet haben. Was an diesen Verfahren ist als Emanzipation des Selbst zu verstehen und was als Unterwerfung? Wolf spricht in seinem Aufsatz von der Ambition, das Wissen über den eigenen Körper mit Hilfe von Smartphones und frei zugänglichen digitalen Vermessungsinstrumenten zu »demokratisieren«. Aber diesem Versuch steht eine andere Tendenz, eine andere Konstellation gegenüber, die er in einer beiläufigen Bemerkung selbst anreißt. Es ist von einem »Polizisten in unseren Köpfen«[5] die Rede, der sich durch die unentwegte Erfassungslust der Self-Tracker gebildet habe. Es bleibt also die

Frage, wie sich der emanzipatorische und der polizeiliche Blick auf das Selbst ergänzen oder inwiefern sie kollidieren.

Fitbit

Gary Wolf erwähnt in seinem Artikel auch ein junges Unternehmen aus San Francisco, das im Herbst 2009, nach zweijähriger Planungszeit, ein Gerät auf den Markt gebracht habe, welches die Schritte des Trägers zählen, den Kalorienverbrauch errechnen und die Qualität des Schlafs messen könne. Die ›Fitbit‹-Tracker haben zu dieser Zeit noch ausschließlich die Form einer Klammer und werden an der Hosentasche oder am Gürtel befestigt. Erst 2013 beginnt das Unternehmen, den Sensor auch in bunten Plastikarmbändern unterzubringen, was die Verbreitung der mit einer zugehörigen App auf dem Smartphone verbundenen Geräte noch einmal stark erhöht und sie zu einem Erkennungszeichen der wachsenden ›Quantified Self‹-Bewegung macht. Heute ist Fitbit, im Juni 2015 mit einem Marktwert von rund sechs Milliarden Dollar an der Börse eingeführt, das unbestrittene Aushängeschild der sogenannten ›Wearables‹-Branche; im Jahr 2016 hat das Unternehmen ein Viertel der über hundert Millionen weltweit verkauften Geräte abgesetzt.[6]

Das Fitbit-Sortiment umfasst inzwischen rund zehn Modelle, vom einfachen Clip bis zur digitalen Waage. Als beliebteste Geräte gelten das displaylose Armband ›Flex‹, das in Deutschland für 99 Euro erhältlich ist, und die

Smartwatch ›Charge‹ für 159 Euro. Der Bewegungssensor, technisches Kernelement aller Produkte, wird beim ›Flex‹-Modell in das mitgelieferte Armband hineingeschoben und misst die absolvierte Schrittzahl in Gestalt von aufleuchtenden Punkten (ein Punkt entspricht 2000, die vollen fünf Punkte dem Tagessoll von 10 000 Schritten). Zur Kontrolle der Schlafqualität, die das Armband über die Bewegungen des ruhenden Körpers in der Nacht erfasst, muss der Nutzer die Fitbit-App aufrufen; dort werden die Aufzeichnungen des Trackers in Kurven und Tabellen übersetzt. Gleiches gilt für die Darstellung des Kalorienverbrauchs. Das aufwendigere Modell ›Charge‹ präsentiert die meisten Messergebnisse direkt auf dem Bildschirm der Armbanduhr; neben der aktuellen Schrittzahl und der Kalorienverbrennung sind auch zusätzliche Daten wie spezifische Bewegungswerte bei verschiedenen Sportarten oder die konstante Messung der Herzfrequenz am Handgelenk abrufbar. Die Selbstortung des Trägers per GPS, etwa zur Überprüfung der Joggingstrecke, ist möglich, wird aber nur auf dem synchronisierten Smartphone des Nutzers angezeigt.

Was genau macht die Anziehungskraft der Fitbit-Produkte für so viele Millionen Menschen aus? Wie unterscheiden sich ihre Anwendungsweisen von früheren Geräten zur Messung und Verbesserung des eigenen Gesundheits- oder Fitnesszustandes? Wenn man sich die Website von Fitbit ansieht oder Äußerungen der ›Quantified Self‹-Anhänger über die Bedeutung der ›Wearables‹, dann fällt zuallererst ein bestimmtes, oft wiederholtes Argument ins Auge: die Lückenlosigkeit der Aufzeichnungen, die durch die Armbänder zum ersten Mal gewährleistet sei. Mobile Self-Tracker sollen »immer am Körper getragen werden, zu jeder Zeit«, betonte schon Gary Wolf, und die Kundenansprache auf der Website des Unternehmens konzentriert sich genau auf diese Omnipräsenz. »Das ist die Idee, auf der Fitbit beruht: dass es bei Fitness nicht nur um die Zeit im Fitnessstudio geht. Es geht um jeden Tag, jede Stunde, jede Minute. Fitness ist überall.« Bestand die Ambition eines gesunden Lebensstils in den vergangenen Jahrzehnten darin, der trägen urbanen Arbeitsexistenz, zwischen Büro, Berufsverkehr und Fernsehsofa, möglichst produktive Zwischenphasen abzutrotzen – der morgendliche Joggingparcours, das Fitnessstudio, die Nutzung von Treppen statt Fahrstühlen –, verspricht Fitbit nun, diese punktuelle Achtsamkeit auf das eigene Wohlbefinden in einen dauerhaften Zustand zu überführen. Das am Körper angebrachte Instrument dient dabei gleichermaßen der ständigen Kontrolle wie dem ständigen Ansporn. »Fitness folgt heute keinem Rezept mehr. Sie ist einfach die Summe deines Lebens«, heißt es in einer Selbstbeschreibung des Unternehmens. Illustriert wird dieser Anspruch durch jene internationale Werbekampagne, die das Unternehmen 2014 auch in Deutschland endgültig bekannt gemacht hat und die aus einer Vielzahl von Wortkombinationen mit der Endsilbe ›-fit‹ besteht. Nicht nur ›racefit‹ oder ›hikefit‹ soll der Nutzer durch das Tragen der Produkte werden, sondern auch ›lovefit‹, ›kissfit‹, ›dadfit‹; Bereiche wie Liebe, Zärtlichkeit, Verantwortung, Zuneigung zu den eigenen Kindern werden ebenso als Bestandteile eines gesunden Lebensstils aufgefasst. Der Hashtag zu dieser Kampagne heißt folgerichtig ›#itsallfit‹. Ziel des Unternehmens ist also die vollständige und im Sinne der

Fitness interpretierte Erfassung der Existenz, die nicht mehr unterscheidet zwischen Arbeit und Familie, Körper und Seele, bewusst investierten und beiläufig verstrichenen Stunden, nicht einmal mehr zwischen wachem Zustand und Schlaf. Denn »wenn es um das Erreichen deiner Fitnessziele geht«, so das Firmencredo, »sind Schritte erst der Anfang. Fitbit trackt alle Aspekte des Tages wie Aktivitäten, Training, Ernährung, Gewicht und Schlaf, um dir zu helfen, fit zu werden.«[7]

In der Betonung dieser Nahtlosigkeit wird eine technologische Konstellation sichtbar, die durch den allgemeinen Gebrauch von Smartphones und durch flächendeckende WLAN-Sphären seit einem knappen Jahrzehnt kennzeichnend für die digitale Kultur geworden ist. Die Rede von der Ubiquität der Vernetzung gehört in den gegenwärtigen Medientheorien zu den wichtigsten Vokabeln, und in der Anpreisung der Self-Tracking-Geräte wird diese Durchdringung besonders anschaulich. Denn das Tragen des Fitbit-Produkts verhält sich zur Nutzung eines Laufbands im Fitnessstudio so wie der dauerhafte Aufenthalt in den WLAN-Umgebungen von heute zum punktuellen ›Einwählen‹ in das Internet des Modem- und Desktop-Zeitalters. Und genau in dieser ubiquitären Vernetzung liegt auch ein zentraler Unterschied zwischen digitalen Fitnessarmbändern und früheren Verfahren und Geräten der Selbstvermessung wie etwa der Badezimmerwaage, die zwar seit ihrer Etablierung in den 1920er Jahren eine ähnliche Verbindung zwischen Daten, Körpern und Optimierungssehnsüchten, eine ähnliche Auslagerung des Selbstgefühls an technische Apparaturen geschaffen haben mag, deren Quantifizierungsleistung aber auf das

106

flüchtige, nur für den Einzelnen sichtbare Aufscheinen der Messwerte begrenzt war.[8] Fitbit- und ähnlichen Self-Tracking-Instrumenten hingegen geht es gerade nicht um die Abgeschiedenheit privater Selbstvermessung, auch nicht um die Versunkenheit des Leistungssportlers, der seinen einsamen Weg zu neuen Rekorden aufzeichnet. Angeregt wird vielmehr der soziale und technologische Austausch der Mitglieder; Körperbewusstsein und Kommunikation sind im Quantified-Self-Kosmos unauflösbar ineinander verwoben. Diese Allianz zeigt sich in den Werbevideos von Fitbit auf zweierlei Weise: Zum einen sind darin kaum einzelne Menschen zu sehen, sondern Paare, Familien, eine Gruppe von Freunden oder Bürokollegen, die gemeinsam Sport treiben, spazieren gehen oder gesundes Essen zubereiten. Zum anderen machen diese kurzen Filme immer wieder darauf aufmerksam, dass die Fitbit-Produkte neben Messinstrumenten auch Kommunikationsmedien sind, die etwa auf dem synchronisierten Smartphone eingehende Anrufe und Textnachrichten anzeigen können. Bereits das Basismodell ›Flex‹ erfüllt diese Funktion über ein Signal der fünf blinkenden Punkte. »Bleibe beim Workout mit deinen Freunden verbunden!«,[9] heißt es in einem der Videos, und regelmäßig sieht man, wie die Protagonisten ihre Fitnessübungen oder ihr Powerwalking unterbrechen, um zum Telefon zu greifen.

Die Vernetzung mit anderen hat bei Fitbit vor allem auch deshalb einen so hohen Stellenwert, weil das Unternehmen seine Nutzer ständig dazu auffordert, die eigenen Messwerte zu ›teilen‹. Gary Wolf zählte zu den technologischen Voraussetzungen für den Erfolg der Quantified-Self-Bewegung auch die Etablierung Sozialer Netzwerke. Fitbit bestätigt diesen Befund, indem die Verfahren der Selbstvermessung und Selbstaufzeichnung hier ganz an die Praxis des Veröffentlichens und Vergleichens innerhalb einer Gemeinschaft gebunden sind. Unter dem Stichpunkt ›Motivation und Freunde‹ heißt es auf der Website: »Per Facebook und E-Mail kannst du Fitbit-Freunde finden und dich mit ihnen verbinden, um motivierende Nachrichten zu senden, Statistiken zu teilen und euch gegenseitig anzufeuern.« Das Netzwerk, das jedes Fitbit-Mitglied nach und nach aufbauen soll, ist dabei gleichermaßen sozial wie kompetitiv. »Bleibe in Bewegung und nutze deine Schritte, um dir auf der Bestenliste einen Namen zu machen, oder miss dich mit Freunden und Familienmitgliedern bei Fitbit-Herausforderungen«,[10] empfiehlt das Unternehmen. Die ›Community‹ der Fitbit-Mitglieder ist also einerseits eine Gemeinschaft von Freunden und Verwandten, andererseits aber auch eine Gemeinschaft von Konkurrenten; dass Fitbit »alle Aspekte deines Tages trackt«, geschieht im Zeichen eines spielerisch präsentierten, aber dauerhaften Wettbewerbs.

Diese Verschmelzung des Spielerisch-Sozialen und Kompetitiven gewinnt in dem Maße an Bedeutung, in dem die Verfahren digitaler Selbstvermessung, über die individuelle oder auf eine Gruppe persönlich Bekannter begrenzte Nutzung hinaus, in einen breiteren Kontext eingebettet werden. Eine solche Einbettung findet inzwischen statt, vor allem im Bereich der Krankenkassen und Versicherungsagenturen, die ihre Mitgliedsbeiträge, Leistungen und Rabatte zunehmend an die Auswertung der Self-Tracking-Instrumente ihrer Kunden koppeln. In diesem Moment zeigt sich die doppelte Funktion der ›Wearables‹

auf unmissverständliche Weise. Die immanente Rhetorik der Quantified-Self-Bewegung steht ganz im Zeichen der Selbstermächtigung. Dank der einfachen und verlässlichen Aufzeichnung der eigenen Körperfunktionen, so das Argument in zahlreichen Blogs und Foren, können die herkömmlichen Instanzen der Gesundheitskontrolle weitgehend ausgespart werden, Orte wie Arztpraxen, Labore, Apotheken, deren Leistung überteuert und deren Fürsorge für den Einzelnen oft nachlässig ist. An die Stelle des paternalistischen Verhältnisses zwischen Arzt und Patient tritt der emanzipierte Selbstvermesser: »Die neuen Smartphone-Apps und Tracking-Geräte«, schreibt der bekannte Wissenschaftsblogger Richard MacManus, »haben dafür gesorgt, dass die Menschen zum ersten Mal wirklich die Kontrolle über ihre Gesundheitsdaten gewonnen haben. Wir bewegen uns auf eine Welt zu, in der wir endlich selbst verantwortlich sind für unsere eigene Gesundheit oder zumindest für deren Vermessung und regelmäßige Überwachung.«[11] Dieses Autonomieversprechen soll allerdings aus einem Ensemble von Daten hervorgehen, das, wie die Werbeanzeigen für Fitbit oder ähnliche Geräte namens Jawbone, DirectLife, Nike+ oder Sony SmartBand verdeutlichen, ganz auf Durchlässigkeit und Vernetzungskraft berechnet ist. »Selbsterkenntnis durch Zahlen«, so der Leitspruch der Quantfied-Self-Bewegung, vollzieht sich also innerhalb eines möglichst offenen und anschlussfähigen Geflechts, das genauso zur Erkenntnis des Self-Trackers durch andere beiträgt.

Größtmöglicher Souveränitätsgewinn bei größtmöglicher Identifizierbarkeit: Zwischen diesen Polen bewegt sich das Menschenbild digitaler Selbsterfassung. Besonders deutlich wird diese Ambivalenz im Hinblick auf die jüngsten Neuerungen im Versicherungswesen, die unter dem Schlagwort ›Smart Insurance‹ kursieren. Seit Juli 2016 bietet die Firma Generali, mit rund 14 Millionen Kunden der zweitgrößte Versicherungskonzern in Deutschland, das Zusatzprogramm ›Vitality‹ an, das in Verbindung mit einer Risikolebens- oder Berufsunfähigkeitsversicherung abgeschlossen werden kann. Die Höhe des Jahresbeitrags und der Anspruch auf Rabatte und Sonderleistungen bemessen sich dabei nach der Zahl der ›Vitality-Punkte‹, die der Versicherte im Jahr zuvor gesammelt hat. Nach Vertragsabschluss füllen neue Mitglieder einen Gesundheitstest auf dem Kundenportal der Versicherung aus und laden die ›Vitality-App‹ auf ihrem Smartphone herunter, die mit einem Fitnessarmband synchronisiert werden muss. Jeder Schritt, jede sportliche Betätigung kommt dem Vitality-Punktekonto zugute (ab 2018 soll dies auch für den Einkauf gesunder Lebensmittel in den Filialen einer beteiligten Supermarktkette gelten, die den Barcode der Produkte an der Kasse erfassen und weiterleiten). Wenn ein neuer Klient alle Kriterien des Gesundheitstests »innerhalb der medizinischen Empfehlung«[12] durchläuft, beginnt seine Mitgliedschaft mit dem Status ›Bronze‹. Hohe Tageswerte des Schrittzählers, Besuche im Fitnessstudio, das die Daten wie die Supermarktfilialen weiterleitet, ernährungsbewusste Einkäufe und regelmäßige präventive Gesundheitsuntersuchungen bei den Partnerapotheken von Generali erhöhen diese Punktezahl. Bei 30 000 Punkten, dem ›Gold‹-Status, sinkt der Versicherungsbeitrag des Mitglieds bis zu elf Prozent, bei 45 000 Punkten und ›Platin‹ bis zu 16 Prozent. Weitere

Partner der Versicherung, etwa Adidas, Galeria Kaufhof oder das Online-Reisebüro Expedia, gewähren den ›Gold‹-Mitgliedern außerdem Rabatte bis zu 20 Prozent, den ›Platin‹-Mitgliedern bis zu 40 Prozent. Am Ende jedes Beitragsjahres verfallen die gesammelten Punkte; der Versicherte beginnt jedoch in dem Status, den er zuvor erreicht hat.

›Bewusst machen‹, ›Aktiv leben‹, ›Belohnt werden‹ lautet der Dreisatz von Generali-Vitality, dem ersten Versicherungsprogramm dieser Art in Kontinentaleuropa (in den USA und in Großbritannien sind sie schon etwas länger bekannt). »Ziel ist es, Kunden zu einem gesundheitsbewussten Leben zu motivieren sowie deren Fortschritte dabei zu belohnen. So wird Versicherung in Deutschland neu definiert.« Auch gesetzliche Krankenkassen wie die AOK und die Techniker-Krankenkasse planen, ähnliche Bonusprogramme innerhalb des vorgeschriebenen Rahmens aufzubauen.[13] Die angestrebte Neudefinition von Versicherung besteht vor allem darin, von jedem Klienten eine bislang ungekannte, ständig aktualisierte Fülle von Daten zur Verfügung gestellt zu bekommen, über seine Bewegungsfreudigkeit, seine Ernährungsgewohnheiten, über Details seines Gesundheitszustands wie den Blutzuckerwert oder den Cholesterinspiegel, die bei den präventiven Untersuchungen ermittelt werden. »Hier zählt jeder Schritt, den Sie gehen. Und genau diese sollen auch alle erfasst werden«,[14] heißt es auf der Website des Vitality-Programms, in ganz ähnlicher Diktion wie in den Werbeanzeigen für die Fitnessarmbänder. Der Unterschied besteht allerdings darin, dass sich der spielerische Wettbewerb auf der Fitbit-Website, mit seinen virtuellen Abzeichen und freundschaftlichen Wettkämpfen, im Kontext einer Lebens- oder Berufsunfähigkeitsversicherung in handfeste ökonomische Realität verwandelt, die über Beitragszahlungen und Vergünstigungen entscheidet.

Mit der unablässigen Quantifizierung von Wohlbefinden geht eine neue Form der Individualisierung von Versicherung und Gesundheitsvorsorge einher. Die ›Vitality-Punkte‹ (und vergleichbare Konzepte wie der von dem Schweizer Unternehmen Dacadoo entworfene ›Health Score‹, der den körperlichen und mentalen Zustand jedes Nutzers auf einer ständig aktualisierten Skala zwischen 1 und 1000 messen will)[15] sollen das komplexe Gebilde Gesundheit in einen präzise berechenbaren, vom Individuum selbst zu regulierenden Wert verwandeln, dessen Ausschläge fast in Echtzeit auf klar zu benennende Ursachen wie Bewegung oder Ernährung zurückzuführen sind. Die Rede von der Selbstermächtigung greift hier in elementare, seit über einem Jahrhundert wirksame Funktionsweisen der Sozial- und Gesundheitspolitik ein; das Konzept des ›Vorsorgestaats‹, wie es sich im späten 19. Jahrhundert in Europa entwickelt hat, beginnt sich in ein Konzept des ›Vorsorgeselbst‹ zu verwandeln. Auf diese Weise verstärken die Quantified-Self-Praktiken und ihre Anwendungen im Versicherungswesen eine Tendenz, über die Soziologen wie Ulrich Bröckling und Thomas Lemke schon vor gut zehn Jahren Erhellendes geschrieben haben[16] – ein neues Verständnis von Gesundheit als eigenständig zu sicherndem, selbst zu verantwortendem Gut. Krankheiten und Beeinträchtigungen werden dementsprechend weniger als Verhängnis oder als Effekte gesellschaftlicher Konstellationen bewertet, sondern als persönliche Fahrlässigkeit, als Manko der ›Motivation‹, als Versäumnis rechtzeitiger ›Vorsorge‹. (Brust- oder Darmkrebserkrankungen etwa gelten heute nicht mehr in erster Linie als Schicksalsschlag; sie rufen vielmehr die Frage hervor, warum der Betroffene es so weit hat kommen lassen.) Auf der Website von Generali-Vitality ist in dieser Hinsicht ein frei zugänglicher Fragebogen interessant, den jeder Besucher ausfüllen kann, um sein ›Vitality-Alter‹ bewerten zu lassen. Die ersten Seiten des Tests fragen Körperdaten, Ernährungs- und Trainingsgewohnheiten ab, bevor Auskünfte über ›Mentales Wohlbefinden‹ erbeten werden: »Wie oft fühlten Sie sich während der letzten 30 Tage wertlos« oder »so niedergeschlagen, dass nichts Sie aufmuntern konnte?«[17] Die Gestaltung dieses Fragebogens macht deutlich, dass Lebensstil, körperlicher Zustand und seelische Verfassung in der Logik des Versicherungsprogramms eine untrennbare, von klaren Ursache-Wirkung-Verhältnissen bestimmte Einheit bilden; wer sich falsch ernährt oder zu wenig bewegt, verschlechtert nicht nur seinen Blutdruck oder Cholesterinspiegel, sondern auch seinen Lebensmut. Self-Tracking-Instrumente ermöglichen ein lückenloses Protokoll dieses Lebensstils, und es bestätigt den umfassenden, durchdringenden Anspruch der Selbsterfassung, dass zwischen den physiologischen und psychischen Auswirkungen der Messwerte keinerlei Unterschied gemacht wird.

Genealogien des Self-Trackings

Die Vermessung des Menschen: Im Verständnis der Quantified-Self-Bewegung erfüllt sie die Funktion, das autonome Wissen über den eigenen Gesundheitszustand, das eigene Wohlbefinden zu fördern. Wenn ›Profile‹ in der digitalen Kultur die Präsentation der Biographie ermöglichen und GPS-Technologien die Orientierung im Raum, sollen die Geräte und Verfahren der Selbstvermessung der besseren Kenntnis des eigenen Körpers dienen. Aber auch in diesem dritten Zusammenhang ist es aufschlussreich, nach der Geschichte der Geräte und Verfahren zu fragen. Wann und unter welchen Umständen wurde damit begonnen, den Körper des Menschen zu vermessen, seine festen Strukturen wie den Schädel- und Knochenbau genauso wie die unscheinbarsten physiologischen Äußerungen, die Herzfrequenz, den Blutdruck, die Atmung, die Schweißproduktion? Wer waren die Messenden und wer die Probanden der Vermessung? Und welche Aussagekraft wurde diesen Messwerten zugestanden?

In den Aufsätzen und Büchern, die in den letzten Jahren über die Quantified-Self-Kultur entstanden sind, erwähnen die Autoren zu Beginn meistens einige ›Vorläufer‹ dieser Bewegung in früheren Jahrhunderten, rigorose Selbstbeobachter wie etwa den amerikanischen Gründervater Benjamin Franklin, dessen Tagebücher angefüllt sind mit detaillierten Verhaltensplänen, oder den fettleibigen Arzt John Lining aus South Carolina, der 1740 über ein Jahr lang jede seiner Mahlzeiten, Getränke und Ausscheidungen wog und sie mit Werten wie der Außen- und Raumtemperatur, der Tageszeit und dem Luftdruck in Beziehung setzte, um Aufschlüsse über seinen Stoffwechsel zu erhalten. Diese Protagonisten sollen die gegenwärtigen Self-Tracking-Methoden in eine längere Tradition stellen – »sich selbst vermessen ist nichts Neues«,[18] heißt es in einer dieser Studien –, führen aber auf eine schwache, wenn nicht falsche genealogische Fährte.

Ein vergleichbares Augenmerk auf den eigenen Körper und die Protokollierung seiner Äußerungen mag bestehen. Doch die Diaristen und Selbstinquisitoren des späten 17. und 18. Jahrhunderts gehen in vielerlei Hinsicht von anderen Voraussetzungen und Zielen aus als die heutigen Träger der ›Wearables‹. Erstens gründet sich ihre Tätigkeit auf der Auseinandersetzung mit calvinistischen und puritanischen Grundsätzen – eine religiöse Moral, die als Antriebskraft verschwunden oder zumindest vollkommen untergeordnet ist. Zweitens finden die Selbstvermessungen und Aufzeichnungen in geschützten Räumen statt, dem eigenen Haus und dem privaten Tagebuch, und treten allenfalls in der Form der wissenschaftlichen Abhandlung in Austausch mit anderen. Damit ist drittens das Wissen der Vermesser um die Besonderheit ihrer Position verbunden, ein Selbstverständnis, das sich entweder, wie bei Franklin, als außergewöhnliche Tugendhaftigkeit äußern kann oder auch im Bewusstsein der eigenen Exzentrik und Idiosynkrasie.

Diese Idiosynkrasie steht aber in genauem Gegensatz zu dem unbedingten Willen zum Vergleich, zur Konkurrenz, auch zum Erreichen von Normwerten, dem die ›Quantified Self‹-Bewegung von Anfang an verpflichtet ist. Bei einem Vortrag auf der bekannten ›TED‹-Konferenz im Jahr 2011 projizierte Gary Wolf vier Adjektive an die Wand, um die Ziele der neuen Vermessungskultur zu veranschaulichen: ›thin‹, ›rich‹, ›happy‹, ›smart‹. Es sei die Aufgabe der Selbsterfassung, sagte er, »uns in jeder Hinsicht zu besseren Menschen zu machen, also dünn, reich, glücklich und intelligent«, und die neuen Geräte und Verfahren würden an dieser »Optimierung der menschlichen Existenz«[19] arbeiten. Bei ›Quantified Self‹ geht es also nicht um die Beobachtung eines einzigartigen Individuums, sondern um Datensätze, die sich vergleichen und in Beziehung zu Normvorgaben setzen lassen. Und genau deshalb ist es methodisch unergiebig, die Geschichte des Self-Trackings, wie es gerade so häufig geschieht, als Abfolge von Einzelpersonen zu erzählen, die in den vergangenen Jahrhunderten ihren eigenen Körper analysiert und vermessen haben. Diese Geschichte setzt vielmehr erst in dem Moment ein, in dem es standardisierte, systematisch durchgeführte Techniken ermöglichen, die körperlichen Messwerte von Menschen aufzuzeichnen, aufeinander zu beziehen und zu interpretieren. Die Frage, wer vermisst, die vermessene Person selbst oder eine andere, ist für die genealogische Analyse zunächst nachrangig, denn die Geräte und Verfahren der heutigen ›Quantified Self‹-Kultur entstammen gerade jenen wissenschaftlichen Disziplinen, in denen die Kluft zwischen den Messenden und den Probanden besonders schroff war.

In der zweiten Hälfte des 19. Jahrhunderts wird in unterschiedlichen Wissenskontexten das Bestreben deutlich, Aussagen über den Menschen – über sein inneres Leben, seine biologische Disposition, seine Zugehörigkeit zu einer Gruppe, seine unverwechselbare Identität – durch exakte Quantifizierungen zu treffen. Eine Vielzahl neuer

Apparate, Aufzeichnungstechniken und Messverfahren soll diese bislang eher spekulativ verhandelten Fragen an den Menschen mit naturwissenschaftlicher Genauigkeit beantworten. Die Verfahren lassen sich vor allem zwei Erkenntnisbereichen zuordnen. Zum einen etablieren sich anthropologische Lehren, die große Kohorten von Menschen durch die Vermessung ihrer Körper klassifizieren und hierarchisieren, wie es Paul Brocas kraniometrische Schädelkunde oder Cesare Lombrosos kriminalanthropologische Bestimmung des ›geborenen Verbrechers‹ ab den 1860er Jahren tun. Diese Erfassung des menschlichen Körperbaus führt zwanzig Jahre später, in dem von Francis Galton angeregten und vom Pariser Polizeibeamten Alphonse Bertillon ausgearbeiteten System der Anthropometrie, auch zu einer verlässlichen Erkennungsmethode rückfälliger Straftäter, die sich bis zur Durchsetzung der Fingerabdrücke als unverwechselbares Kennzeichen jedes Menschen als polizeiliches Identifizierungsverfahren in den europäischen Städten bewährt. Zum anderen gewinnen zu dieser Zeit neue physiologische Messtechniken an Bedeutung, die genauere Aufschlüsse über die Lebensfunktionen des Menschen geben sollen. Ab Mitte des 19. Jahrhunderts entstehen Apparate wie der Sphygmograph und der Kymograph, die Pulsschlag und Blutdruck messen, der Pneumograph, der die Bewegung der Atmung im Brustkorb aufzeichnet, oder der Plethysmograph zur Messung des schwankenden Blutvolumens innerhalb eines Organs. Diese Quantifizierungsverfahren sollen nicht, wie die Vermessungen Brocas, Lombrosos oder Bertillons, die dauerhaften physischen Strukturen großer Menschengruppen ermitteln, sondern die flüchtigen, dynamischen Körperäußerungen des Einzelnen.

Rasch weitet sich das Interesse an diesen Apparaturen von der somatischen Medizin auf andere Disziplinen aus. In den 1860er Jahren setzt eine neue Wissenschaft namens ›Psychophysik‹ mentale Reaktionsmuster mit genau dosierbaren körperlichen Reizen in Beziehung; 1879 gründet Wilhelm Wundt in Leipzig das erste Institut für experimentelle Psychologie und versucht, mit Hilfe der Gerätschaften physikalischer oder medizinischer Labore Aufschlüsse über die Funktionsweise des Bewusstseins zu erhalten, die zuvor, wie sein Schüler Hugo Münsterberg schreibt, »nur der exklusiven Sphäre der philosophierenden Psychologie vorbehalten waren«. Das Innenleben des Menschen – seine Gefühle, Sehnsüchte, Phantasien – soll in den Kurven der Puls- und Blutdruckschreiber abbildbar werden. Münsterberg selbst, ab den 1890er Jahren in den USA lehrend, kommt für die Verbreitung und Wirkungskraft dieser Versuche eine bedeutsame Rolle zu. In seinem psychologischen Labor an der Universität Harvard, nach eigener Auskunft »27 Räume, mit elektrischen Leitungen übersät«, bemüht er sich, die Erkenntnisse seines Lehrers über das Verhältnis von Körperäußerungen und Bewusstseinsvorgängen in praktische Zusammenhänge wie das Wirtschaftsleben, die Pädagogik oder die Strafjustiz zu überführen. Diese angewandte Experimentalpsychologie, von Münsterberg und anderen ›Psychotechnik‹ genannt, erinnert in ihrem Vermessungsoptimismus an die Rhetorik der heutigen Quantified-Self-Bewegung: »Mit Elektroden und dem Galvanoskop«, heißt es in seinem Hauptwerk *Grundzüge der Psychotechnik* von 1914, »können wir zeigen, wie die Schweißdrüsentätigkeit von Veränderungen im Bewußtsein abhängt, mit dem Sphygmograph und dem Pneumograph können wir feststellen, wie die Schwankungen der Gemütsbewegung auf Puls und Atmung einwirken.«[20] Exakt berechnete Körperströme als Medien der Wahrheitsproduktion: Im ausgehenden 19. Jahrhundert werden die Fundamente einer humanwissenschaftlichen Anschauung gelegt, auf denen die heutigen Self-Tracker, die aus den Daten der Instrumente ihre Fitness, ihre Stimmung, ihre Normalität ableiten, noch immer stehen.

Kennzeichnend für diese Fundamente ist aber der Umstand, dass die Vermessung des Menschen in den Jahrzehnten um 1900 in erster Linie die Vermessung des Abweichenden und Randständigen meint. Paul Brocas Schädelmessungen und die daraus resultierenden Rückschlüsse auf die Größe des Gehirns sollen vor allem als wissenschaftliche Legitimation der Hypothese dienen, dass dunkelhäutige Menschen von ihren Anlagen her mit einem geringeren Maß an Intelligenz ausgestattet sind als weiße. Cesare Lombrosos Kriminalanthropologie wiederum möchte anhand der anatomischen Untersuchung von Tausenden Verbrecherschädeln, die er über die Jahre hinweg von den Gefängnissen und Friedhöfen Turins zur Verfügung gestellt bekommt, den Nachweis erbringen, dass kriminelles Verhalten auf atavistische Fehlbildungen zurückzuführen sei. Mit den Worten seines deutschen Übersetzers und Epigonen Hans Kurella: »Lombroso findet beim Verbrecher die enorme Entwicklung der Brauenbogen, die Dicke der Knochen, die Schiefheit des Hinterhauptes wieder, die der Neanderthal-Schädel zeigt.«

Straffällig Gewordene sind in diesem Verständnis »Rückfälle der Evolution«, deren biologische Anlagen zwangsläufig delinquente Biographien hervorbringen. In den späten Abhandlungen Lombrosos und den Arbeiten seiner zahlreichen Schüler führt diese Grundannahme zu einem weitverzweigten Klassifikationssystem des Devianten, das fast ein Dutzend Typen des ›geborenen Verbrechers‹ mit spezifischen Körper- und Verhaltensanomalien in Beziehung setzt.[21]

Alphonse Bertillons Anthropometrie schließlich definiert sich schon durch ihre polizeiliche Einsatzpraxis als eine Vermessung von abweichenden Subjekten. Das neue Identifizierungssystem ist laut Bertillon eine Reaktion auf die »leere Hoffnung« der erst kurz zuvor angelegten polizeilichen Fotoarchive, in die jeder Straftäter in den europäischen Großstädten aufgenommen wird. Die über 100 000 Verbrecherfotos, die etwa die Pariser Polizei bis 1880 gesammelt hat, ermöglichen längst keine praktikable Sortierung und Klassifizierung mehr; zudem sind Fotografien unzulängliche Datenträger, wenn es darum geht, die dauerhafte, weder durch Alter noch durch willkürliche Korrekturen des Äußeren veränderbare Identität rückfälliger Verbrecher festzustellen. Bertillon beseitigt diese Mängel, indem er bei jedem verdächtigen Straftäter rund ein Dutzend Körpermessungen vorzunehmen beginnt an Stellen, die im Erwachsenenalter ein Leben lang unverändert bleiben. Unter anderem vermisst er, in der Reihenfolge der Berechnungssicherheit, die Länge des Unterarms, die Länge des Mittel- und des kleinen Fingers, die Länge und Breite des Schädels, die Länge des Fußes, die Spannweite der Arme und teilt die Werte jeweils in drei verschiedene Gruppen ein, ›groß‹, ›mittel‹ und ›klein‹. Auf diese Weise entsteht das ›anthropometrische Signalement‹ jedes Delinquenten, das seine Identität einer derart genauen Rasterung unterzieht, dass in den Polizeidienststellen der europäischen Großstädte die Frage, ob ein Verdächtiger an diesem Ort schon einmal straffällig geworden ist, ab den 1880er Jahren mit größerer Zuverlässigkeit und Geschwindigkeit beantwortet werden kann. Denn die Werte der vermessenen Körperstellen unterscheiden sich, wie Bertillon angibt, so stark, dass auf »60 000 Personen nur ein Dutzend kommen, die annähernd dieselben Maße vorweisen«. Aus der amorphen, nicht zu bändigenden Masse von Verbrecherfotos ist ein feinmaschiges, in Hunderte Fächer aufgeteiltes Archiv geworden, von denen jedes einzelne Fach nur noch wenige Kärtchen mit identischen Messwerten erhält, die dann, im Abgleich mit herkömmlichen Erkennungszeichen wie Name und Fotografie, die Identität des Gesuchten offenbaren. »Die meisten der wiederverhafteten Verbrecher«, sagt Bertillon, »geben die Hoffnung auf, dass ihre, wenn auch noch so wohlberechneten Schliche unentdeckt bleiben könnten.«[22]

Eine Genealogie des quantifizierten Selbst muss genau diese Konstellation im Blick behalten: dass das Aufkommen der Vermessungstechniken in der zweiten Hälfte des 19. Jahrhunderts untrennbar damit verbunden ist, Devianzen sichtbar zu machen. »Die Frage der Identität ist die Frage nach der Erkennbarkeit der Abweichung«, hat Manfred Schneider in seinem Buch über das Verhältnis von moderner Autobiographie und den Wissenschaften vom Menschen geschrieben, und für Verfahren wie die Kraniometrie, das anthropometrische Signalement oder auch die psychotechnischen Experimente ein Vierteljahrhundert später trifft diese Einschätzung vollständig zu. Wenn Bertillon am Ende eines Vortrags nicht ohne Stolz bilanziert: »Mit einem Worte, das Hauptwesen der neuen Methode besteht in der Aufgabe, die Persönlichkeit eines Jeden fest zu bestimmen, jedem Einzelnen eine zuverlässige, dauerhafte, unveränderliche Individualität zu sichern«,[23] dann ist diese »Persönlichkeit« am Ende des 19. Jahrhunderts gleichbedeutend mit einem Ensemble von Daten, das den Menschen im Grenzbereich des Normalen und sozial Verträglichen verortet und unter besondere Beobachtung stellt. Die Körpervermessungen nehmen in dieser Hinsicht eine ähnliche Bedeutung ein wie die ersten pädagogischen und psychologischen ›Profile‹ Anfang des 20. Jahrhunderts.

Erkenntnistheoretisch legitimiert wird diese Methode dadurch, dass die Anthropologen, Kriminologen und Psychophysiker von unbestreitbaren Zusammenhängen zwischen äußeren Merkmalen und inneren Zuständen, zwischen körperlichen Degenerationen und den zugehörigen geistigen, seelischen und moralischen Anomalien ausgehen. Broca und Lombroso nehmen, mit den Worten Marcus Krauses, eine »absolut transparente Repräsentationsbeziehung«[24] zwischen Schädel, Hirn und psychischer Disposition an (so wie es schon die Phrenologie Anfang des 19. Jahrhunderts getan hat, allerdings auf spekulativere Weise, ohne den Anspruch auf exakte Vermessung), und auch die Experimente Münsterbergs ordnen jede Erhöhung des Blutdrucks, jede Beschleunigung des Pulsschlags einer inneren Stockung zu.

Es ist in dieser Hinsicht aufschlussreich, sich die zentralen Vermessungskategorien der Quantified-Self-Kultur anzusehen. Als populärste Einheit hat sich in den letzten Jahren der ›Schritt‹ erwiesen, für dessen Zählung inzwischen kein eigenes Gerät wie das Fitbit-Armband mehr nötig ist. In den Standardeinstellungen der beliebtesten Smartphones ist die entsprechende Funktion bereits vorinstalliert, wie etwa die ›Health‹-App bei allen iPhones seit dem Modell 5 s, deren Symbol auf dem Display nicht gelöscht werden kann. Heute zählen also alle Besitzer eines neueren Smartphones Tag für Tag ihre Schritte, in voller Trainingsabsicht oder beiläufig, ohne die Werte je zu kontrollieren oder überhaupt zu bemerken. Aber wo ist dieses Bedürfnis, abseits des militärischen Kontexts, zum ersten Mal entstanden? Unter welchen Bedingungen wurde die präzise, von technischen Apparaten unterstützte Kalkulation der Einheit ›Schritt‹ in den Humanwissenschaften notwendig? Im *Handbuch für Untersuchungsrichter* von Hans Gross, jenem ab 1893 in vielen Auflagen erschienenen Gründungslehrbuch der Kriminalistik, gibt es eine längere Passage, in der Gross den polizeilichen Ermittlern nahelegt, dass sie künftig »nicht mehr ›spazieren gehen‹, d. h. gedankenlos daherbummeln« dürften »und sich harmlos freuen an Gottes schöner Welt«; vielmehr, so schreibt er, müsse »jeder Weg zur Erholung oder im Dienste mit der Generalstabskarte in der Hand gemacht werden«. Und Gross erklärt an einem Fallbeispiel, warum dieses unentwegte Augenmerk auf Wege und Distanzen für den Ermittler von Bedeutung ist. »Zeuge schätzt eine wichtige Entfernung auf, sagen wir, 200 Schritte: man führt ihn ins Freie und läßt ihn sagen, bis wohin 100, 200, 300, 400 Schritte sein mögen; schreitet man diese Strecken dann ab, so kann man ziemlich genau ermessen, ob und inwieweit Zeuge Entfernungen richtig einschätzt.« Hans Gross empfiehlt den kommenden Kriminalisten, diese Kalkulation von Entfernungen zu professionalisieren und die Umgebung der eigenen Dienststelle »schon im voraus abzuschreiten und sich deren Entfernung für spätere Proben zu notieren. Ich hatte durch Jahre eine hierzu sehr günstige Aussicht von der Amtsstube aus und wußte z. B.: bis zur linken Hausecke sind es 65 Schritte, bis zur Pappel 120, bis zum Kirchturm 210, bis zum kleinen Haus 400, bis zum Bahndamm 950 Schritte – daran habe ich unzählige, stets Klärung bringende Proben mit Zeugen veranstaltet: machte er einige halbwegs stimmende Schätzungen, so konnte ich seine, für den Fall wichtige Schätzung auch glauben, sonst aber nicht.«[25]

Der Kriminalist an der Wende zum 20. Jahrhundert ist ein menschlicher Schrittzähler, ein Fitbit-Armband aus Fleisch und Blut, aber dieses Werkzeug steht nicht im Dienst des eigenen Wohlbefindens, sondern in dem von Polizei und Strafjustiz. Von großer Erleichterung wäre es hierbei, so Gross, wenn die aufreibende Zählarbeit nicht vom menschlichen Ermittler selbst, sondern von einer technischen Hilfsapparatur bewerkstelligt werden würde. Und das *Handbuch* präsentiert eine solche Apparatur: Im Kapitel über die ›Ausrüstung‹ des praktischen Kriminalisten stellt Gross den Inhalt seiner ›Kommissionstasche‹ vor, die er später auch ›Tatortkoffer‹ nennt. Als ›Posten 31‹ firmiert ein automatischer ›Schrittzähler‹, der folgendermaßen beschrieben wird: »Ein Schrittzähler ist nicht unbedingt notwendig, wohl aber sehr bequem. Man erhält derlei Werkzeuge um 12 – 16 Kronen (10 – 14 Mark)

124

in Form und Größe einer Taschenuhr; soll eine größere Entfernung gemessen werden, so werden alle Zeiger (für 1000, 100 und Einheitsschritte) auf 0 gestellt, der Zähler wird eingesteckt und dann gegangen. Im Apparate findet sich ein federnd befestigtes und schweres Hämmerchen, das bei der Erschütterung, die jeder Schritt bewirkt, niederschlägt und den Einheitszeiger um eins weiter treibt; dieser Zeiger ist nach hundert Schritten einmal herumgekommen und nun geht der Hundertzeiger um eins weiter, ebenso dann der Tausendzeiger.« Hans Gross stellt anschließend die Frage nach dem idealen Ort am Körper des Untersuchungsrichters, an dem der kleine Apparat aufbewahrt werden sollte. Naheliegend sei es, ihn wie eine Taschenuhr zu tragen, aber Gross fügt an: »Um die Erschütterung recht lebhaft und sicher zu machen, ist es besser, den Schrittzähler in den Stiefel zu stecken, statt in die Westentasche, dann läßt er keinen Schritt ungezählt. Dies gilt namentlich dann, wenn man auf weichem Boden (Sand-, Wiesen- und Moosgrund, Schnee usw.) geht, oder wenn man überhaupt mehr leise und zierlich auftritt. Es ist begreiflich, daß man hierdurch verläßlichere Daten bekommt als durch das Zählen; auch kann man während des Gehens seine Aufmerksamkeit auf etwas Wichtigeres wenden, als wenn man fortwährend auf das Zählen aufmerken muss.«[26] Wie die Vorläufer heutiger ›Nike+‹-Nutzer, die ihren GPS-gestützten Schrittzähler in die dafür vorgesehene Ausbuchtung des Joggingschuhs stecken, schreiten die Gross-Leser unter den Polizeiermittlern mit dem neuentwickelten Apparat im Stiefel durch die von ihnen durchforsteten Bezirke. Der ›Schritt‹ wird Anfang des 20. Jahrhunderts also in einem Wissenskontext zum

Der automatische Schrittzähler im ›Tatortkoffer‹ des Kriminalisten Hans Gross in der Zeit um 1900 (heute zu besichtigen im Kriminalmuseum Graz)

Gegenstand exakter Berechnung, in dem es darum geht, einer Ausnahmesituation Herr zu werden, in dem sich Orte zu Tatorten verdichten und jedes lose Detail zum entscheidenden Glied einer Indizienkette werden kann.

Es gibt in dieser Zeit einen zweiten humanwissenschaftlichen Schauplatz, einen zweiten Ausnahmezustand, der ebenfalls die Kategorie des ›Schritts‹ ins Zentrum der Aufmerksamkeit stellt. Im Gegensatz zur kriminalistischen Ermittlung ist er hier aber nicht Instrument zur Überführung abweichender Subjekte, sondern Ausdruck des Abweichenden selbst. Als eine Erscheinungsform jener Gruppe psychopathologischer Symptome, die Krafft-Ebing 1867 »Zwangsvorstellungen« nennt und die von Carl Westphal zehn Jahre später erstmals systematisch analysiert wird, beschreiben die Psychiater des späten 19. und

126

frühen 20. Jahrhunderts immer wieder ein Leiden, für das sie die Namen ›Zählzwang‹, ›Zählsucht‹ oder ›Arithmomanie‹ benutzen. Wenn unter Zwangsvorstellungen, laut Westphals klassischer Definition, solche Vorstellungen zu verstehen sind, die »wider den Willen des betreffenden Menschen in den Vordergrund des Bewusstseins treten, sich nicht verscheuchen lassen, den normalen Verlauf der Vorstellungen hindern und durchkreuzen«,[27] dann ist das überwältigende, nicht zu kontrollierende Bedürfnis des fortwährenden Zählens eine der peinigendsten Ausprägungen. Fallbeispiele der Arithmomanie – bei Carl Westphal noch klar von den »echten Wahnideen« unterschieden, in den Schizophrenie-Diagnosen des frühen 20. Jahrhunderts dann zunehmend als integraler Teil der Krankheit verstanden[28] – schildern das zwanghafte Zählen von Banknoten, gesprochenen Wörtern oder Passanten auf der Straße; eine der häufigsten Erscheinungsformen ist in den Kasuistiken der Psychiater aber das Zählen von Schritten.

Georg Joachim etwa berichtet in seiner Dissertation *Über Zwangsvorstellungen* von 1892 die Krankengeschichte der einunddreißigjährigen Frau »Aug. G.« aus Berlin, die nach der Trennung von ihrem Ehemann »in die elendeste Lage« geraten sei: »Seit jener Zeit habe sich bei ihr ein sonderbarer Zwang eingestellt, wo sie sich auch immer befinde, die Gegenstände, die ihr in die Augen fielen, durchzumustern und die Zahl der sie zusammensetzenden Theile zu zählen. [...] Betritt Patientin den Bürgersteig, so muss sie immer auf die Fliesen des Trottoirs treten und die Zahl derselben feststellen. Wenn sie diesem Zwang nicht folgt, so überkommt sie ein Gefühl der grössten Unruhe und Unbehaglichkeit«. Walter Jahrreiß übermittelt dreißig Jahre später, nun schon im Rahmen einer Symptomlehre der Schizophrenie, eine Reihe ähnlicher Fälle. Über den Patienten »Karl W«, 19 Jahre alt, heißt es: »Mußte bei Spaziergängen zwangsmäßig seine Schritte zählen bis 6 und dann wieder bei 1 anfangen«; über den siebenundfünfzigjährigen »Michel S«: »Jahre später fing er das Zählen an. Wisse nicht, wie das gekommen sei. Zuerst zählte er seine Schritte. Die Zahl 4 spielte dabei eine große Rolle. Zählte immer, ob die Schritte durch 4 teilbar seien. Wenn das nicht der Fall war, wurde er ängstlich. […] Dann mußte er seine Schritte so zählen, daß die Schrittzahl plus der Nummer des Tages eine ungerade Zahl ergab.« Im Protokoll eines Untersuchungsgesprächs mit dem Patienten schreibt Jahrreiß: »Er steht vom Stuhl auf, geht einige Schritte nach links, sagt dann: ›O Gott, das war jetzt falsch, ich hätte nach der anderen Seite gehen sollen.‹ Geht dann auf die Türe zu, bleibt vor ihr stehen, trippelt auf der Stelle, geht schließlich mit einem großen Schritt durch die Türe durch. Zählt dann auf dem Weg zur Poliklinik die Stufen der Treppe. Habe es sehr glücklich getroffen, weil es 13 seien.«[29]

Dass sich die Symptome des neurasthenischen Zeitalters um 1900 häufig in einem übersteigerten Augenmerk auf den Schritt äußern, machen auch die zahlreichen literarischen Darstellungen des Wahnsinns in diesen Jahren deutlich. Alfred Döblin, ausgebildeter Psychiater und schon von Berufs wegen für die Bearbeitung dieses Feldes einschlägig, beginnt eine seiner bekanntesten Erzählungen, *Die Ermordung einer Butterblume* von 1905, mit den Worten: »Der schwarzgekleidete Herr hatte erst seine

Schritte gezählt, eins, zwei, drei, bis hundert und rückwärts, als er den breiten Fichtenweg nach St. Ottilien hinanstieg [...]; dann vergaß er es.« Die Krankengeschichte des Kaufmanns Michael Fischer, der bei einem Waldspaziergang mit seinem Stock einer Blume den Blütenkopf abtrennt und diese Tat immer stärker als blutrünstigen Mord an einem Lebewesen phantasiert, wurde in der germanistischen Forschung »als exakte Beschreibung einer Zwangsneurose interpretiert«; die zunehmende Überreiztheit und Wahrnehmungsverzerrung der Hauptfigur aber kündigt sich schon im Eingangssatz der Erzählung an, mit jener arithmomanischen Neigung Fischers, die sich nach der ersten Spazierstock-Attacke im Gestrüpp sofort wieder erneuert: »Nach kurzer Zeit war er wieder dabei, seine Schritte zu zählen, eins, zwei, drei.«[30]

Seit den ersten Beschreibungen von Zwangsvorstellungen und Zwangshandlungen hat die Psychiatrie versucht, Erklärungen für dieses Leiden an »übertriebener Präcision« zu finden, wie es Ende der 1860er Jahre einer der frühesten Patienten in Deutschland genannt hat. »Dass geschlechtliche Excesse irgend welcher Art (u. a. Masturbation) eine besonders häufige Rolle in der Aetiologie spielen«, schreibt Carl Westphal 1877, »geht aus meinen Beobachtungen nicht hervor.«[31] Dieser Anschauung widerspricht dann aber das aufkommende psychoanalytische Interesse an den Zwangserkrankungen am Ende des 19. Jahrhunderts. Freud widmet dem nach seinem Ausdruck »lästigen Zeremoniell« des Zählens und anderen Zwangshandlungen einige frühe Aufsätze. In *Die Abwehr-Neuropsychosen* von 1894 interpretiert er diese Störungen als misslungenen Versuch, einen frühen ero-

tischen Reiz zu vergessen; die fehlgeleitete »Unschädlich-
machung der unverträglichen Vorstellung« würde sich
beim Patienten entweder in Gestalt hysterischer Körpersymptome äußern oder, im Psychischen verbleibend, als
Zwangsstörung. Zwei Jahre später, in den *Weiteren Bemerkungen über die Abwehr-Neuropsychosen*, heißt es noch
einmal unmissverständlich: »Das Wesen der Zwangsneurose läßt sich in einer einfachen Formel aussprechen:
Zwangsvorstellungen sind jedesmal verwandelte, aus der
Verdrängung wiederkehrende Vorwürfe, die sich immer
auf eine sexuelle, mit Lust ausgeführte Aktion der Kinder-
zeit beziehen.«[32]

Wie immer das akribische Zählen der eigenen Schritte
in der Zeit um 1900 verstanden wird, ob als gescheiterter
Verdrängungsprozess oder im Sinne des französischen
Psychiaters Cullerre, der die Ansicht vertritt, dass epilep-
tische und melancholische Patienten die Arithmomanie
»mitunter als ein Mittel« nützen würden, »um sich von
ihren düsteren Gedanken zu befreien, und aus dem ur-
sprünglich willkürlichen Akte entwickelt sich allmählich
ein unwiderstehlicher Trieb zu zwecklosen Berechnun-
gen«:[33] In jedem Fall steht diese Tätigkeit – sofern sie nicht
zur kriminalistischen Rekonstruktion eines Verbrechens
dient – ganz im Zeichen der Fremdbestimmung. ›*Zwangs*-
handlungen‹, ›*Zwangs*vorstellungen‹, ›*Zwangs*zustände‹
lauten nicht umsonst die zugehörigen diagnostischen
Fachbegriffe. Der Impuls zum fortwährenden Zählen ist
einer, der das Subjekt übermannt, der ihm die Souveränität über seinen Wahrnehmungs- und Vorstellungsapparat
zu nehmen droht. Zudem kann man den Ergebnissen der
subjektiven Berechnungssucht auch nicht trauen, wie Leo-

pold Löwenfeld 1904 in seiner bis zu diesem Zeitpunkt umfassendsten Monographie zum Thema Zwangsstörungen schreibt. Über die Fallgeschichte eines Patienten, »der u. a. das Schlucken des Speichels und seinen Herzschlag zählte«, heißt es: »Letzteres Zählen war [...] rein imaginär, da das Resultat desselben nicht mit der wirklichen Pulszahl übereinstimmte.«[34] Nicht einmal die Verlässlichkeit der Datenerhebung kann die Psychiatrie ihren arithmomanischen Patienten an der Wende zum 20. Jahrhundert also zuerkennen.

Das kollektive Schrittezählen in der digitalen Kultur, die Grundausstattung des zeitgenössischen Menschen mit ›Health‹-Apps auf dem Smartphone und Fitbit-Bändern an den Handgelenken ist kein innerer Zwang mehr, sondern eine freiwillige Entscheidung; die pathologische Disposition hat sich in den Willen zur Fitness, die »Verdrängung wiederkehrender Vorwürfe« im geschlechtlichen Sinn in ein Programm der Selbstermächtigung verwandelt. Freud sah in der zwanghaften »Zahlenbeobachtung« der Neurotiker noch »Maßregeln der Buße«[35] am Werk. Aber für welche Sünden sollten die Millionen gesundheitsbewussten Nutzer der Wearables von heute noch Buße tun?

Vermessung, Klassifikation, Diskriminierung

Dass der Fokus der Vermessungstechniken in den Humanwissenschaften auf der Erkenntnis der Abweichung liegt, führt im späten 19. und frühen 20. Jahrhundert schließlich zu dem vielfach wahrnehmbaren Ehrgeiz, ganze Bevölkerungsteile durch die Quantifizierung ihrer Körper zu diskreditieren und auszugrenzen. Der Wissenschaftshistoriker Stephen Jay Gould hat diesem wirkungsmächtigen Versuch vor 35 Jahren die berühmt gewordene Studie *Der falsch vermessene Mensch* gewidmet: eine zornige Grundlagenkritik des ›biologischen Determinismus‹ Brocas, Lombrosos und der wissenschaftlichen Väter der Intelligenztests im 20. Jahrhundert. »Das ganze Unterfangen, Gruppen nach ihrem biologischen Wert einzuordnen«, möchte Gould in seinem Buch »als das brandmarken, was es ist: als irrelevant, geistig unredlich und in höchstem Maße schädlich«. Seine Analysen kreisen dabei vor allem um zwei fundamentale Trugschlüsse bei der Messung von Intelligenz, wie Kraniometrie und quantifizierende Psychologie sie Gould zufolge vornehmen: zum einen die wissenschaftliche Praxis, »abstrakte Begriffe in Wesenheiten zu verwandeln«, und zum anderen die Vorgehensweise, »komplexe Variationen auf einer allmählich ansteigenden Skala einzuordnen«. Diese doppelte Reduktion eines heterogenen Phänomens wie Intelligenz auf ein »einheitliches Ding«, das dann innerhalb von Rangordnungen konkret beziffert werden kann, würde zur titelgebenden »falschen Vermessung des Menschen« führen. Stephen Jay Gould hält diese methodischen Unzulänglichkeiten allerdings insofern für konsequent, als es der Kraniometrie oder den Massenintelligenztests Goddards und Termans ohnehin nicht um den Versuch objektiver Erkenntnis gehe, sondern um die wissenschaftliche Beglaubigung sozialer Vorurteile und die »Veranschaulichung von Apriori-Schlüssen«. Die Rangordnung ›Weißer–Schwarzer–Affe‹ oder ›Unbescholtener–Verbrecher–Affe‹ stehe im sozialdarwinistisch geprägten Denken von Broca oder Lombroso bereits von Anfang an fest, bevor die Vielzahl der Vermessungen nur vermeintliche Indizien für eine ideologisch motivierte Grundhypothese liefern würde.[36]

Auch wenn Goulds Vorgehen seinerseits methodische Fragen aufwirft, indem er ebenfalls eine a priori gesetzte Hypothese mit einer Sammlung von Indizien belegen will und an manchen Stellen einfach die kritisierten historischen Messergebnisse durch genauere eigene zu übertrumpfen versucht, ist sein Buch ein wichtiger Bezugspunkt für die hier verhandelten Fragen. Zuallererst macht es die Differenzen sichtbar, die zwischen den mächtigen Vermessungswissenschaften in den Jahrzehnten um 1900 und den Techniken der Selbsterfassung in der digitalen Kultur bestehen. Die Quantified-Self-Anhänger von heute betrachten sich zwar wie die von Gould beschriebenen Forscher als »Diener ihrer Zahlen«;[37] die Nutzung dieser Messwerte zur Erklärung sozialer Schichtung und zur Ausgrenzung von Gruppen spielt aber überhaupt keine Rolle. Besonders deutlich wird dieser Unterschied am Begriff der ›Disposition‹. Für die Kraniometriker und die amerikanischen Popularisierer des Intelligenztests sind die biologischen – und nach den Durchbrüchen des Vererbungswissens in den 1880er Jahren auch die genetischen – Anlagen jedes Menschen der entscheidende Faktor für dessen Entwicklung und sozialen Status. Das *Sein* des Straftäters oder des problematischen Schülers ist alles, niedergelegt in seiner Schädelform, seinem Gehirnvolumen, seiner Erbmasse; das von äußeren, dynamischen Faktoren geprägte *Werden* ist zu vernachlässigen. Gould bezeichnet die von ihm analysierten Vermessungswissenschaften daher mit einem schönen Begriff als »Theorien der Grenze«:[38] Sie besagen, dass die quantifizierbaren Unterschiede zwischen Ethnien, Geschlechtern oder Populationen nicht nur angeboren, sondern vor allem unabänderlich seien. Diese naturbedingte, für das Individuum nicht zu überwindende Klassifikation widerspricht aber allen Grundsätzen der Quantified-Self-Kultur, der es ja um die permanente Verschiebung und Optimierung von Grenzen geht, um die Tag für Tag, Schritt für Schritt näher rückende Wunschvorstellung eines gesünderen, leistungsstärkeren, erfüllteren Lebens.

Von der datengestützten Zementierung der Grenzen zwischen Gruppen zur datengestützten Erweiterung der Grenzen von Individuen: Dieser weite Bogen scheint die früheren Vermessungswissenschaften von den Self-Trackern der Gegenwart zu trennen. Und dennoch fallen bei näherer Betrachtung einige Ähnlichkeiten der Verfahren und Motivationen ins Auge, die diese Distanz wieder schrumpfen lassen. In Goulds Buch werden Kategorien wie der ›Schädelindex‹ oder der ›Intelligenzquotient‹ deshalb zum Gegenstand scharfer Kritik, weil sie ein vielschichtiges Phänomen in eine »messbare Wesenheit«[39] verwandeln. Könnte man Konzepte wie die ›Vitality-Punkte‹ des neuen Versicherungsprogramms von Generali oder den ›Health Score‹ der Schweizer Firma Dacadoo nicht als ebensolche Reduktionen begreifen? Komplexe, von Person zu Person unterschiedlich formierte Gebilde wie ›Gesundheit‹ oder ›Stimmung‹ erscheinen hier als präzise berechenbares, für jeden gleichermaßen gültiges Quantum. Die beiden methodischen »Trugschlüsse«, die Gould für die historische Vermessung von Intelligenz nachzuzeich-

134

nen versucht, »Verdinglichung« und »Skalierbarkeit«, könnten also mit ähnlichem Recht auch für die heutige Vermessung von Gesundheit oder Wohlbefinden gelten.

Im Zuge dessen verschiebt sich auch die Sorge um das Individuum, die das Quantified-Self-Projekt auf den ersten Blick leitet, in Richtung eines Zugriffs auf Kollektive. Es geht nicht, wie bei Broca, Lombroso oder Goddard, um die biologische Legitimation der sozialen Minderwertigkeit von Frauen, Schwarzen, Verbrechern oder Armen. Was die neuen, durch digitale Selbsterfassung gestützten Versicherungs- und Krankenkassenprogramme jedoch ermöglichen sollen, ist die genauere Bestimmung und Differenzierung der Gruppen von Gesunden und Kranken, Wohltrainierten und Ermatteten, Vorsorgebewussten und Fahrlässigen. Es ergeben sich neue Hierarchien, die zwar keine naturgegebenen Klassifikationen darstellen sollen, in einem wichtigen Aspekt aber den früheren Vermessungswissenschaften entsprechen: in der Aussparung sozialer und ökonomischer Faktoren. Lewis Terman, Entwickler des Stanford-Binet-Tests, äußerte vor hundert Jahren die Überzeugung, »daß Klassengrenzen durch angeborene Intelligenz gezogen seien«.[40] Wenn Gary Wolf seine vier Begriffe ›dünn‹, ›reich‹, ›glücklich‹, ›intelligent‹ präsentiert und sie zu den Leitzielen des Self-Trackings macht, nimmt er ebenfalls eine absolute Instanz im Innern des Menschen an – nicht mehr, wie Terman, die körperliche Anlage, sondern den unbedingten Willen, der stärker sei als jede gesellschaftliche Kraft. In Termans Argumentation bleibt derjenige arm und dumm, der über eine niedrige Intelligenz verfügt, in Wolfs Argumentation derjenige, der nicht genug Leistungsbereitschaft und

Erfassungsdisziplin aufbringt – gewiss keine kategorisch unterschiedlichen Positionen. Der Sozialdarwinismus der Schädel- und Hirnvermesser erscheint heute als eine Art Mentalitätsdarwinismus, und in diesem Sinne ist es kein Zufall, dass eine der jüngsten Werbeanzeigen des Unternehmens Fitbit die Genese seiner Self-Tracking-Geräte an die berühmte evolutionsgeschichtliche Tafel ›The March of Progress‹ anlehnt.

Werbeanzeige auf der Website von Fitbit (2017)

Wenn es den einflussreichsten Konzernen der digitalen Kultur tatsächlich um die Schaffung eines neuen Menschen geht, macht das Anzeigenmotiv – mehr als eine bloße spielerische Referenz – diesen Anspruch mit ungewöhnlicher Deutlichkeit klar. Die Gemeinschaft der Selbstvermesser bringen solche Genealogien in eine missliche Lage. Bekanntlich handelt es sich um eine Community voller politisch-moralischer Sensibilität, mit dezidiert antirassistischen und antisexistischen Grundsätzen. Doch sie führt im frühen 21. Jahrhundert Vermessungspraktiken fort, die im späten 19. Jahrhundert im Namen des Sexismus, Rassismus und der sozialen Diskriminierung entstanden sind.

Introspektion und Datenerzeugung

Wenn Gary Wolf in seinem Gründungsmanifest der Quantified-Self-Bewegung die Vermessung des Körpers vom »weitschweifigen literarischen Humanismus« der Psychoanalyse abgrenzt und deren Sprachbohrungen in den Tiefenschichten des Bewusstseins die technische Aufzeichnung der »trivialsten, beiläufigsten Gedanken und Handlungen« entgegenhält, wiederholt er einen Methodenstreit in der Erkenntnis des Menschen, der sich genau in den Jahren um 1900 zuspitzt. Freud und Breuer demonstrieren in ihren ersten Fallgeschichten die Macht der ›talking cure‹, die hysterische Körpersymptome heilbar macht, indem der Analytiker die richtigen Erinnerungen, die richtige Erzählung im Patienten hervorruft und den neurotischen Komplex dadurch lösen kann. Das Selbst ist in dieser therapeutischen Vorstellung ein Ensemble von besser oder schlechter verarbeiteten biographischen Eindrücken, und die Kunst der Psychoanalyse besteht darin, über das Medium der Sprache an den Ursprung der ›verdrängten‹, leidbringenden Eindrücke in der Vergangenheit zu gelangen.

Diesem hermeneutischen Zugang zum Innenleben des Menschen, dieser gewissermaßen vertikalen Perspektive auf seine Geheimnisse und Rätsel steht in den Humanwissenschaften an der Wende zum 20. Jahrhundert aber eine mindestens ebenso einflussreiche horizontale Verfahrensweise gegenüber. Disziplinen wie die experimentelle Psychologie und die daraus hervorgehenden Schulen der Psychotechnik und des Behaviorismus interessieren sich weniger für den sprachlichen Zugang zum Menschen oder die biographischen Ursprünge von Störungen, sondern befassen sich mit der Hervorbringung und Aufzeichnung körperlicher Oberflächenäußerungen. Anstelle der Introspektion des Patienten steht die Vermessung, anstelle der Produktion von Erinnerungen und Worten die Produktion von Körperströmen und Daten, anstelle des verzögerten Ausbruchs latenter Komplexe die sofortige Reaktion auf Reize. Diese Reaktionen und Ströme sind allerdings so fein, dass sie mit menschlichen Sinneswerkzeugen zumeist nicht mehr registriert werden können. Der »Nachweis«, schreibt etwa Hugo Münsterberg 1914, »daß auch die leichtesten Gefühlsschwankungen sich in Veränderungen des Blutkreislaufs, in unwillkürlichen Muskelbewegungen, in Hautdrüsentätigkeit bekunden«, bedarf technischer Hilfsinstrumente, um die körperlichen Äußerungen seelischer Regungen »auch da wahrnehmbar zu machen, wo sie dem gewöhnlichen Bewußtsein des Beschauers entgehen würden«.[41] Für die quantifizierende Psychologie ist die Assistenz von Apparaturen und technischen Medien daher von Anfang an eine Notwendigkeit. Pulsschreiber, Blutdruckschreiber, Pneumographen müssen jene Aufgabe übernehmen, für die der Analytiker nur Ohren, Stift und Papier benötigt. In dem Maße, in dem die Humanwissenschaften also den Glauben verlieren, dass der Mensch aus sich selbst heraus, durch die Mittel der Erinnerung und Sprache, die Wahrheit über sein Inneres preisgeben könnte, erhöht sich der technologische Aufwand, um diese Wahrheit aus den fragmentierten Signalen seines Körpers zusammenzutragen.

Eine der schärfsten Kritikerinnen des hermeneutischen Zugangs zum Innenleben des Menschen ist in dieser Zeit, neben Münsterbergs Psychotechnik, die in den USA aufkommende behavioristische Psychologie. Wo sich die experimentelle Schule Wilhelm Wundts seit den 1870er Jahren um exakte Messungen menschlicher Bewusstseinsregungen bemüht, geht John Watson, der Begründer des Behaviorismus, noch einen Schritt weiter und schafft die Kategorie des Bewusstseins grundsätzlich ab. In seinem Aufsatz *Psychologie, wie sie der Behaviorist sieht* von 1913 heißt es: »Die Zeit scheint gekommen zu sein, da die Psychologie jeden Bezug auf das Bewußtsein aufgeben muß und sich nicht mehr der Illusion hingeben darf, daß sie Bewußtseinszustände zum Gegenstand ihrer Beobachtung macht.« Die Erneuerungsleistung der experimentellen Psychologie, schreibt er, hätte »lediglich darin« bestanden, »daß das Wort ›Seele‹ durch die Bezeichnung ›Bewußtsein‹ ersetzt wurde«. John Watson möchte dieser Fahndung nach einer ephemeren, gleichwie bezeichneten psychischen Essenz des Menschen schlicht die pragmatische Erforschung seiner Verhaltensweisen und Aktivitäten entgegensetzen. Er studiert, wie die experimentellen Psychologen, das Verhältnis von ›Reiz‹ und ›Reaktion‹, von äußeren Impulsen und inneren Transformationen menschlicher Handlungen – aber ganz ohne den Anspruch, dieses Innere zu erhellen, sondern nur mit dem Interesse an wiederkehrenden Verhaltensmustern. Der Behaviorismus möchte nichts als Effekte beobachten und messen; der Ursprung dieser Effekte in den subjektiven Regungen des Probanden ist ihm gleichgültig. »Ihr thematisches Ziel«, sagt John Watson über die neue Wissenschaft, »ist die Vorhersage und Kontrolle von Verhalten.«[42] Die aufstrebende Methode des Behaviorismus, auf viele

Jahrzehnte hinaus eine der einflussreichsten psychologischen Schulen in den USA, ist gleichbedeutend mit einer Kritik der Repräsentationsweisen sprachorientierter Psychologie. Worte sind in dieser Anschauung fragwürdige Botschafter innerer Zustände; die Kultur der Sprache erscheint als ein zu verschlungener Umweg, um die instantanen Verhältnisse von Reiz und Reaktion adäquat abzubilden. Burrhus Frederic Skinner, dessen Studien die große Karriere des Behaviorismus ab den 1930er Jahren maßgeblich zu verdanken ist, betont diese Inkongruenz zwischen emotionalem Innenleben und sprachlichem Ausdruck immer wieder. »Wir können Gefühle einfach als Reaktionen auf Reize auffassen«, schreibt er, »aber die Berichte über sie sind das Ergebnis der besonderen sprachlichen Kontingenzen, die durch eine Gesellschaft bereitgestellt sind.« Nicht der formulierbare »Begriff der Empfindung oder Wahrnehmung« müsse deshalb Sache der Psychologie sein, sondern der messbare »Vorgang der Reizselektion«.[43]

Die Bezüge aktueller Quantified-Self-Verfahren auf psychotechnische und behavioristische Perspektiven fallen hier klar ins Auge. Sprache ist auch den heutigen Selbstvermessern ein unzulängliches Medium für die Erkenntnis des Menschen; die Fitnessarmbänder, Smartwatches oder die Apps zur Quantifizierung der eigenen Stimmung sollen Auskünfte über den Nutzer durch die Daten seiner Körperäußerungen geben. Ulrich Raulff hat die Etablierung der quantifizierenden Psychologie in der Zeit um 1900 einmal mit dem Satz beschrieben, »dass man sich von den Wesensfragen ab- und den Wirkungsfragen zuwendet«.[44] Genau diese Konstellation treibt die

Self-Tracking-Kultur mit ihren ubiquitären Aufzeichnungen voran – allerdings mit einem bedeutsamen Unterschied, der für das Menschenbild digitaler Selbsterfassung zentral ist. Behavioristen wie Watson und Skinner betonten in ihren Abhandlungen stets, dass die Verschiebung des psychologischen Interesses vom ›Bewusstsein‹ zum ›Verhalten‹ an eine radikale Kritik des autonomen Subjekts gebunden sei. In seiner Psychologie, schreibt Skinner, sei die Vorstellung eines »selbständigen Handlungsträgers« nicht vorgesehen. Der Mensch müsse vielmehr als ein Kreuzungspunkt verstanden werden, »an dem zahlreiche genetische Zustände und Umweltbedingungen zusammentreffen und eine gemeinsame Wirkung haben«. Und er unterstreicht: »Ein Selbst, das der Urheber oder Initiator seines Handelns wäre, findet in unserer wissenschaftlichen Theorie keinen Raum.«[45] Dies ist eine auffällige Paradoxie der Self-Tracking-Kultur: Sie übernimmt die erkenntnistheoretischen Grundsätze der Psychotechnik und des Behaviorismus, betrachtet den Menschen als Produzenten von Oberflächendaten, dessen Inneres unergründet bleiben muss, aber zieht aus ihren Praktiken ganz andere Schlüsse für den Status des Subjekts. Das ›Quantified Self‹ – indem es seine Blutdruck-, Puls- und Bewegungsschreiber *selbst* anlegt und verwaltet – soll mit besonderer Emphase zu jenem »Urheber und Initiator seines Handelns« werden, den Skinner verabschiedet hat. Es zeigt sich hier genau dieselbe Diskontinuität, die auch die Transformation der elektronischen Fußfessel zum GPS-fähigen Smartphone kennzeichnet: Das technische Ensemble ist beinahe identisch, die Grundfunktion der Erfassung bleibt bestehen, aber die ehemaligen

Kontrollinstrumente haben sich in Werkzeuge der Selbstermächtigung verwandelt. Diese historische Nähe von Verfahren der Standortbestimmung und Verfahren der Körpervermessung wird auch daran anschaulich, dass es wie beschrieben ein Schüler Skinners war, Ralph Schwitzgebel, der Ende der 1960er Jahre die ersten Prototypen der elektronischen Fußfessel entwickelte, im Sinne jener ›Verhaltenskontrolle‹, die schon John Watson als oberstes Ziel des Behaviorismus formuliert hatte. Apparate, Technologien und methodische Feinde des Self-Trackings (wie die Psychoanalyse) stehen also in einer unbestreitbaren wissensgeschichtlichen Linie. Nicht umsonst bewirbt die Generali-Versicherung ihr ›Vitality‹-Programm mit den Worten, es sei ein »einzigartiges *verhaltensbasiertes* Versicherungsmodell«,[46] allerdings mit dem entgegengesetzten Versprechen, die Autonomie der Nutzer durch behavioristische Steuerung zu fördern.

Verbunden mit dieser Paradoxie ist die Frage nach den methodischen Komplikationen der Selbstvermessung. In den Wissensdisziplinen, deren Prämissen die Quantified-Self-Kultur folgt, wird die Einheit von Messinstanz und Messgegenstand als fragwürdige, potentiell unmögliche Konstellation betrachtet. Hugo Münsterberg betont immer wieder die Notwendigkeit professioneller Anleitung bei allen psychotechnischen Experimenten; ein »ungeschulter Durchschnittsmensch«, schreibt er, könne die Vermessungen nicht durchführen. Auch in John Watsons Einführungsvorlesung zum Behaviorismus von 1925 heißt es kategorisch: »Sie werden bald finden, daß Selbstbeobachtung nicht etwa der leichteste und natürlichste Weg zum Studium der Psychologie, sondern sogar ein falscher

142

ist. An sich selbst können Sie nur die elementarste Form der Reaktion beobachten. Dagegen werden Sie bald erfahren, daß sie durch Beobachtung dessen, was Ihr Nachbar tut, sich sehr schnell üben werden, einen Grund seines Verhaltens zu finden« – eine Anschauung, die B. F. Skinner auf dieselbe unmissverständliche Weise vertritt: »Bei der Selbsterkenntnis ist das erkennende Selbst vom erkannten verschieden. Bei der Selbstorganisation ist das kontrollierende Selbst vom kontrollierten verschieden.«[47]

Von solchen methodischen Grundsatzdebatten ist das zeitgenössische Self-Tracking eher unberührt. Es steht für Hersteller und Anwender außer Frage, dass die Messverfahren der Smartphones und zugehörigen Apps zuverlässige und brauchbare Daten liefern. Diesem kollektiven Zutrauen wird allerdings von den betroffenen medizinischen Fachdisziplinen häufig in aller Deutlichkeit widersprochen. Die schärfste Kritik an den Geräten und Apps der Quantified-Self-Bewegung derzeit stammt vermutlich von den professionellen Schlafforschern. Eine Funktion der gängigen Fitnessarmbänder wie Fitbit und speziellen Apps wie Sleep Bot, Wake Mate, Sleep as Android oder Sleep Advisor besteht wie erwähnt darin, die Quantität und Qualität des Schlafs genau zu erfassen. Die Messungen vollziehen sich laut den Beschreibungen der Produzenten ohne jeden Aufwand; es reicht aus, das Smartphone über Nacht nahe am Körper zu platzieren oder das Fitnessband am Arm zu tragen, und durch die Bewegungen des Nutzers ergibt sich am Morgen ein aussagekräftiges Protokoll seiner tieferen oder unruhigeren Schlafphasen. »Zeichne deinen Schlaf mit einem Fitbit-Tracker auf«, so die Empfehlung auf der Firmen-Website, »und nutze anschließend die App, um dir anzusehen, wie gut du geschlafen hast, deine Schlafentwicklung zu beobachten und Schlafziele zu setzen, um deine nächtliche Routine zu verbessern.«[48]

Die Unzulänglichkeit dieser Erfassungstechnik ist in jüngster Zeit häufig beschrieben worden. Alles, was die Sensoren der Armbänder oder Apps verzeichnen können, sind die Bewegungen des Körpers über Nacht, die dann in Kurven und Tabellen die Erholsamkeit des Schlafs beglaubigen – ein Raster, das im Vergleich mit der Arbeit medizinischer Schlafforschung seit der Anwendung von Gehirnstrommessungen und der Entdeckung des REM-Schlafs Mitte des 20. Jahrhunderts grobmaschig und ungelenk wirkt. Im ersten Handbuch zur Standardisierung der Schlafforschung, vom US-Gesundheitsministerium herausgegeben, heißt es schon 1968, dass zur Sicherung wissenschaftlicher Qualität bei jedem Patienten zumindest »ein Elektroenzephalogramm, ein Elektromyogramm des Kinns und zwei Elektrookulogramme der Augen aufgezeichnet werden« müssten.[49] Die bescheidene Aussagekraft der Self-Tracking-Daten kann demgegenüber nicht geleugnet werden, doch interessanter als eine erneute Feststellung dieser Diskrepanz ist vielleicht die Frage, warum der Erfolg der Geräte und Apps, deren mangelnde Genauigkeit wohl auch die Nutzer kennen, weiterhin so groß ist. Es scheint eine allgemeine Erfassungssehnsucht in der digitalen Kultur zu bestehen, eine Tendenz der Selbsttaylorisierung, die das Wissen um die fragile Verlässlichkeit der Messwerte übertrumpft. Zudem hat diese Erfassungssehnsucht andere, einflussreiche Perspektiven auf neue Technologien aus den Anfangstagen des digitalen Zeitalters verdrängt – zum Beispiel die Angst vor der potentiellen Gesundheitsschädlichkeit der Geräte, vor ihrer ›Strahlung‹, die um die Jahrtausendwende, im Diskurs über den ›Elektrosmog‹, große Macht entfaltete. Auf der Website der Schlaftracking-Software Sleep as Android steht etwa der Ratschlag: »Damit die App richtig funktioniert, muss das Handy übrigens die Nacht über neben ihrem Kopf liegen« – ein Satz, der vor 15 Jahren Scharen besorgter Kulturkritiker und Bürgerinitiativen mobilisiert hätte. Heute sticht die Lust an der Selbstvermessung die Sorge um die Unwägbarkeit technologischer Strahlkraft aus.

Das Lüften des Schleiers

Um die Frage zu klären, warum die Quantified-Self-Bewegung gerade auf Wissenschaften beruht, die den Status des vermessenen Subjekts als möglichst passiv beschreiben, ist es vielleicht angebracht, ein letztes Mal auf Gary Wolfs Essay von 2010 zurückzukommen. In diesem Text zitiert er einen Self-Tracker, der sein Verlangen nach Alkohol seit Jahren akribisch in einem elektronischen Journal auflistet und davon spricht, dass ihm die aufrichtige Rechenschaft gegenüber einer Datenbank leichter falle als gegenüber anderen Menschen. Wolf kommentiert das Bekenntnis des Mannes mit den Worten: »Es wäre ja auch dumm, eine Maschine zu täuschen.«[50] Diese Aussage markiert das prinzipiell unproblematische Verhältnis zur Wahrheit in der Self-Tracking-Kultur. Wenn der messende und

145

der vermessene Mensch identisch sind, gibt es keinerlei Grund, die Bereitwilligkeit des Probanden, verlässliche Daten zu produzieren, anzuzweifeln; Innenleben und Körperzeichen des Vermessenen stehen in einer harmonischen Beziehung. Der Leiter der Untersuchung und ihr Gegenstand sind Komplizen.

In dieser Komplizenschaft aber besteht einer der entscheidenden Unterschiede zwischen der gegenwärtigen Selbsterfassungslust und ihren wissensgeschichtlichen Referenzen. Das Verhältnis von Anthropometriker und Straftäter, Psychotechniker und Patient, Verhaltenselektroniker und Proband ist im Gegenteil eines der Rivalität; die Apparate und Methoden, die in der Zeit um 1900 entwickelt wurden, sollten verheimlichtes Wissen sichtbar machen. »Sowohl Ärzte wie Juristen«, schreibt Hugo Münsterberg, »haben unter bestimmten Bedingungen ein Interesse daran, verborgen gehaltene Gedanken oder Stimmungen ans Licht zu zerren.«[51] Hinter diesem Schleier liegt die Wahrheit der psychischen Störung, der Schuld oder der geheim gehaltenen Identität, die von den Untersuchten zwar nicht freiwillig ausgesprochen, aber durch die Kombination ihrer Knochenlängen oder die Graphen ihrer Körperströme offenbart werden. Es geht in den Vermessungswissenschaften also immer um die Selbstwiderlegung der Probanden: Was die Zunge nicht sagt, soll der Schädeldurchmesser oder die Pulsfrequenz beweisen. Genau diese Konfrontation ist der Quantified-Self-Bewegung aber unbekannt. Körperäußerungen und Vorstellungsinhalt sind in ihrer Rhetorik immer kongruent.

Wenn man sich fragt, wie es am Ende des 19. Jahrhunderts zu dieser Konjunktur der Wahrheitsfindungsapparate gekommen ist, dann spielt die anschwellende Rede von der Unzuverlässigkeit der Zeugenaussage eine zentrale Rolle. Sie treibt die Allianz von angewandter Psychologie und Strafjustiz voran. Hans Gross' *Handbuch für Untersuchungsrichter*, mit seinen zahllosen Exkursen zur Kriminalpsychologie und Spurenlesekunde, ist vor allem ein Effekt der Krise des Zeugen um 1900. Auch Hugo Münsterberg schreibt: »Es ist nicht übertrieben zu sagen, dass sich seit kurzem eine eigene Spezialwissenschaft gebildet hat, die sich allein mit der Zuverlässigkeit von Erinnerung beschäftigt.«[52] Der Forschungsbeitrag der Psychotechnik besteht vor allem darin, Verfahren und Apparate zu konstruieren, die dieser mangelnden Zuverlässigkeit nicht mehr bedürfen, »Prothesen der Wahrheitsfindung«,[53] die stabiler sind als die brüchigen Aussagen von Zeugen oder die unter der Androhung und tatsächlichen Ausübung von Gewalt erpressten Geständnisse von Verdächtigen. »Das tägliche Leben«, schreibt Münsterberg, »bringt jeglichem die Gelegenheit zu beobachten, wie sich Gefühle unabsichtlich und oft gegen die Absicht der Individuen in ihrem unwillkürlichen Verhalten und Benehmen oder in den wahrnehmbaren Funktionen ihres Blutgefäßsystems oder ihren Drüsen bekunden. Wenn wir sehen, wie eine Person bei einem bestimmten Namen errötet oder erblaßt, wie Tränen in die Augen treten oder die Sprache stockend wird oder die Hand zittert, so nehmen wir es als Anzeichen einer inneren Erregung«.[54] Es geht also um eine verlässliche Semiotik der Schuld, die, wie bei Broca oder Lombroso ein knappes halbes Jahrhundert zuvor, auf einer klaren Repräsentationsbeziehung zwischen körperlichen Signalen und inneren Zuständen beruht, nun allerdings nicht mehr im Sinne einer unumstößlichen biologischen Disposition, die Münsterberg ablehnt, sondern bezogen auf den flüchtigen Seelenzustand im Augenblick der Befragung.

Ausgehend von der Überzeugung, dass das Erblassen und Erröten des Probanden, die Frequenz seines Herzschlags, die Schnelligkeit seiner Atmung untrügliche, genau übersetzbare Zeichen seines Innenlebens sind, konstruiert Hugo Münsterberg, wie er vor allem in seinem Buch *On the Witness Stand* von 1908 beschreibt, einen sogenannten Polygraphen, das Urmodell des Lügendetektors. Zurückgehaltene Wahrheit und verheimlichte Schuld – innere Komplexe, die Freud zur gleichen Zeit durch Erzählungen aufzuspüren und zu lösen sucht – sollen sich mit Hilfe des Apparats offenbaren, wobei der Code der Übersetzung klar ist: Regelmäßige Frequenzen und ruhige Kurven bedeuten Aufrichtigkeit und Unschuld; jede Stockung, jedes heftige Ausschlagen ist verdächtig und weist auf einen inneren Zwiespalt. Hugo Münsterberg ist zwar so vorsichtig, dass er die Gefahr der Fehlinterpretation in Betracht zieht und konstatiert, dass »Symptome der bloßen Aufregung, wie sie die Gerichtsverhandlung auch für den Unschuldigen mit sich bringt, als Anzeichen der Schuld mißdeutet werden«. Dieser Einschränkung zum Trotz erkennt er im Polygraphen aber eine Apparatur, die zuverlässiger ist als die früheren, zum Beispiel durch Anwendung von Folter vollzogenen »Versuche, den verheimlichten Tatbestand der Seele des Angeklagten zu entreißen«.[55]

Bis zu seinem Tod 1916 arbeitet Hugo Münsterberg re-

148

gelmäßig als psychologischer Sachverständiger in Gerichts-
prozessen; seine polygraphischen Studien werden in den
Jahren rund um den Ersten Weltkrieg von verschiedenen
Forschern weitergeführt und erhalten durch spektakuläre
Einsätze im amerikanischen Justizsystem ab den 1930er
Jahren große Prominenz. Der Ruf des ›Lügendetektors‹ in
dieser Zeit ist der eines unerbittlichen Apparats, der noch
das bestgehütete Geheimnis gegen alle Widerstandsversu-
che zum Vorschein bringt, und dementsprechend gering
ist die Bereitschaft von Verdächtigen oder zweifelhaften
Zeugen, sich dieser Körperbefragung auszusetzen. (»Ich
weiß zwar nichts über Polygraphen, aber dass die Leute
eine Höllenangst davor haben«, soll noch Richard Nixon
zu Beginn der Watergate-Affäre gesagt haben.)⁵⁶ Durch
Aufbietung vereinter Kräfte müssen die Delinquenten an
die Wahrheitsmaschine geschnallt werden; die Messungen
sind in diesem Kontext nur als ein erzwungenes, sich über
den Willen des Probanden hinwegsetzendes Unterfangen
denkbar.

Ein solches Ensemble der Körper steht in größtem
denkbarem Widerspruch zu jenem anderen, zeitgleich etablierten Ritual der Wahrheitsfindung, das die psychoanalytische Sitzung darstellt. Ulrich Raulff hat diese beiden
emblematischen Szenen der Humanwissenschaften im
frühen 20. Jahrhundert in einer großartigen Passage seines
Essays über Hugo Münsterberg nebeneinandergehalten.
Im Behandlungszimmer des Psychoanalytikers liegt der
Patient auf dem Sofa, hinter ihm sitzt der Analytiker in
seinem Sessel und notiert – bequeme Körperhaltungen,
weiche Materialien, kein unmittelbarer Blick- oder Kör-
perkontakt zwischen den beteiligten Personen. Auf der

anderen Seite die Szene der Polygraphie, in einem kargen, grell beleuchteten Raum, mit funktionellen Möbeln; der Untersuchungsleiter und der Proband sitzen einander gegenüber, Mitarbeiter halten ihn vielleicht fest, und dazwischen steht das Gerät, das mit dem Vermessenen durch viele Leitungen verbunden ist. »Wenn du«, schreibt Raulff über dieses zweite Emblem, »die Wahrheit nicht sagen kannst oder willst –, vielleicht wirst du sie ausschwitzen? Damit soll nicht gesagt sein, die Sprache spiele hier keine Rolle mehr. Nur ist es nicht mehr die eines langen Ringens um den Sinn, sondern eher die einer verbalen Vivisektion: gleich kleinen Lanzetts oder Dornen werden hier Stichwörter gegen einen Körper geführt, der angebohrt werden muß, auf daß das Sekret der Wahrheit austrete.«[57] Aus heutiger Perspektive ist es aufschlussreich, dass Ulrich Raulff diese Gegenüberstellung in seinem gut dreißig Jahre alten Essay ohne Zögern als Opposition von Freiwilligkeit und Zwang, Gespräch und Verhör inszenieren konnte. Die Psychoanalyse geschieht im Einvernehmen zwischen Arzt und Patienten; die Vermessung am Polygraphen ist ein Kampf, in dem sich der lügende Delinquent der Wahrheitskraft des Apparats beugen muss. Im Zeitalter des ›Quantified Self‹ stehen sich inzwischen zwei eigenmächtig betriebene Verfahren gegenüber. So wie die Klienten eines Analytikers in der Regel freiwillig in die Praxis kommen und mit ihm kooperieren, schnallen die Selbstvermesser ihre kostspielig erworbenen Fitbit-Armbänder aus eigenem Antrieb um. Der Mensch wird zwar weiterhin, wie Gary Wolf schreibt, als Mängelwesen empfunden, aber es ist nicht mehr der Mangel an Ehrlichkeit oder Geständnisbereitschaft, der die Notwendigkeit der

Vermessungsgeräte hervorbringt, sondern der Mangel an Aufmerksamkeit, was die eigene Fitness, das eigene Wohlbefinden betrifft.

Zeugen der Anklage

Allen Beschwörungen des autonomen Subjekts zum Trotz: Die Funktionsweise digitaler Selbsterfassung wird immer dann am klarsten, wenn die individuell hergestellten Daten in einen größeren, über das Individuum hinausgehenden Erkenntniszusammenhang eintreten. Die aktuellen Bonusprogramme der Versicherungen und Krankenkassen haben das gezeigt. Verfahren des Self-Trackings mögen dem Einzelnen größeres Wohlbefinden oder höhere Leistungsfähigkeit ermöglichen, aber gleichzeitig strahlen die gesammelten Daten aus – nicht aufgrund von Missbrauch, nicht aufgrund von Fahrlässigkeit, sondern weil die Praxis des ›Quantified Self‹ von Beginn an auf größtmögliche Vernetzung angelegt ist. Im Versicherungswesen lassen die eingespeisten Daten präzise Aussagen über den Gesundheitszustand des Nutzers zu; die Messwerte formulieren also eine Art Wahrheit seiner ›Normalität‹, wodurch die humanwissenschaftlichen Genealogien des Self-Trackings bis ins 19. Jahrhundert hinein sichtbar werden. Es gibt aber seit kurzer Zeit ein zweites Einsatzgebiet von Fitnessarmbändern, das diese Genealogien noch deutlicher macht, indem es die ›Wahrheit‹ im polizeilichen und strafrechtlichen Sinne, die Menschenvermesser wie Bertillon oder Münsterberg im Sinn hatten, ins Zeitalter des ›Quantified Self‹ überträgt. Fitbit-Geräte sind in der Sphäre der Justiz angekommen.

Ende 2014 wird in Ottawa die Schadensersatzklage einer Fitnesstrainerin verhandelt, die seit einem Verkehrsunfall vier Jahre zuvor ihren Beruf nicht mehr ausüben kann. Zu den Beweismitteln der Anklage gehört auch der Fitbit-Tracker der Mandantin, dessen aktuelle Daten, wie es in einem Prozessbericht heißt, »zeigen sollen, dass sich ihr Leistungsniveau immer noch unter dem Durchschnitt ihrer Alters- und Berufsgruppe befindet, und sie Anspruch auf Schadensersatz hat«.[58] Den Anwälten liegen zudem umfassende Vergleichsdaten einer Firma vor, die für Versicherungsunternehmen die Self-Tracking-Daten ihrer Kundenstämme auswertet, und sie können deshalb die gesundheitliche Beeinträchtigung ihrer Mandantin statistisch belegen. Dieser kanadische Fall, am Ende im Sinne der Klägerin entschieden, ist offenbar der erste Gerichtsprozess weltweit, in dem die Daten digitaler Fitnessarmbänder als Indizien herangezogen wurden. Das Urteil erscheint einerseits als Beleg für die neue Souveränität der Selbstvermesser, weil der Fitbit-Sensor die Legitimation der Klage gestützt hat, mit größerer Zuverlässigkeit, als es das Gutachten eines medizinischen Sachverständigen, in vergleichbaren Prozessen bislang die entscheidende Stimme, je hätte tun können.[59] Andererseits markiert der Fall aber auch insofern eine wichtige Schwelle der digitalen Kultur, als er deutlich macht, dass sich die persönlichen Daten eines Self-Tracking-Instruments jederzeit von der unschuldig-spielerischen Funktion eines Kalorienzählers in den gewichtigen Status eines juristisch relevanten Indizes verwandeln können. Kate Crawford,

die den Prozess Ende 2014 publizistisch begleitet hat, erinnert an diesen bedeutsamen Umschlag. In Ottawa sei
das Fitbit-Armband zwar auf Veranlassung der Nutzerin
in die Untersuchung einbezogen worden, schreibt sie,
doch »die von den Geräten produzierten Daten könnten
genauso gut von den Versicherungsunternehmen selbst
genutzt werden, um Invaliditätsansprüche abzuwenden,
oder generell von Anklägern, denen plötzlich eine neu-
artige Quelle von belastbaren Beweisen zur Verfügung
steht«.[60] Das bunte Fitbit-Band am Arm wird zu einem Instrument, das präventiv jeden Schritt des Trägers aufzeichnet, um ihn eines Tages, im Fall einer Übertretung oder
einer zweifelhaften Konstellation, zuverlässig überführen
zu können.

Im April 2015 hat es zum ersten Mal einen solchen
Fall gegeben. Eine Frau aus Pennsylvania bringt den Vor-
wurf zur Anzeige, im Haus ihres Vorgesetzten von einem
Unbekannten im Schlaf überfallen und sexuell miss-
braucht worden zu sein. Als im Lauf der polizeilichen
Untersuchung bekannt wird, dass sie in jener Nacht ein
Fitbit-Armband getragen hat, stimmt sie dem Vorschlag
zu, die aufgezeichneten Daten analysieren zu lassen. Die
Erfassung ihrer Körperströme gibt aber unmissverständlich zu erkennen, dass sie in den inkriminierten Stunden
wach und aktiv gewesen ist; die Anzeige wird abgewiesen,
die Klägerin wegen falscher Anschuldigung zu einer Geld-
strafe verurteilt. »Lüge nie, wenn du ein Fitbit-Armband
trägst«, beginnt ein Kommentar zu diesem Verfahren
auf einem amerikanischen Technik-Blog. Die Self-Tracking-Instrumente sind Polygraphen von umfassender,
lückenlos arbeitender Kraft, von der ein Hugo Münster-

berg nur träumen konnte. Und wo die vermessenen Delinquenten im Verlauf des 20. Jahrhunderts nur unter Zwang
an die Leitungen und Manschetten angeschlossen werden
konnten, tragen die Millionen Kunden von Fitbit, Jawbone, Nike+ und anderen ihren mobilen Wahrheitsindi-
kator freiwillig. »Das Gerät wurde zum Zeugen gegen die
Klägerin selbst«,[61] heißt es in einer Zusammenfassung des
Falles aus Pennsylvania. Auch wenn die spielerischen Ein-
satzformen der neuen Selbsterfassungsinstrumente ihre
Herkunft gewöhnlich vergessen lassen: Manchmal scheint
ihre anfängliche Bestimmung einen Moment lang auf.

4. Erfassungsangst, Erfassungslust: Umschichtungen eines Menschenbilds

Das Drama der Volkszählung

Im Frühjahr 1987 formiert sich in Deutschland eine der größten Protestbewegungen in der Geschichte der Bundesrepublik. Bis zu 1500 ›Initiativgruppen‹, koordiniert von den Grünen, bilden sich in den Gemeinden und Städten; auf Demonstrationen versammeln sich Hunderttausende Teilnehmer. Ursache dieses kollektiven Aufbegehrens ist die ›Volkszählung‹, die am 25. Mai des Jahres beginnen soll. »Kaum ein Vorhaben der Bonner Regierenden weckt so viel Abwehr, so viele Aggressionen«,[1] schreibt der *Spiegel* über die geplante Bestandsaufnahme von rund 25 Millionen Haushalten durch 600 000 ehrenamtliche Zähler. Die Widerstandsaktionen in den Wochen davor sind vielfältig und erfindungsreich: Im Dortmunder Westfalenstadion malen Unbekannte am Vorabend einer Bundesligapartie den Schriftzug »Boykottiert die Volkszählung« auf den Rasen, der über Nacht nicht entfernt werden kann und deshalb vor Anpfiff mit dem Wort »nicht« ergänzt wird, um das ramponierte Spielfeld zumindest als Werbefläche für das kommende Ereignis zu gestalten. In Westberlin treffen sich Aktivisten am Grenzstreifen der geteilten Stadt und kleben ihre Erhebungsbögen ungeachtet aller

Bußgeldandrohungen in einem politischen Happening an die Mauer. Unzählige Flugblätter und Broschüren der Initiativgruppen geben jenen Volkszählungsgegnern, die keinen expliziten Boykott riskieren wollen, eine Reihe von Empfehlungen, wie sie die maschinelle Ablesung der Formulare durch Beschneidung des Randes oder Kaffeeflecken auf dem Papier zumindest sabotieren können.

All diese Protestenergie wird freigesetzt, weil mit der angestrebten Erhebung in den Augen vieler die Fundamente des demokratisch verfassten Rechtsstaates zur Debatte stehen. Im Vorwort des Ratgebers *Was Sie gegen Mikrozensus und Volkszählung tun können*, den der ›Zweitausendeins‹-Versand bis April 1987 250 000-mal verkauft, sprechen die Herausgeber etwa von »einem feinmaschigen Überwachungsnetz, das sich bald über alle Bürger / innen stülpen« werde. »Das Ziel ist die totale Überwachung aller und die Steuerung künftigen Verhaltens. Eine Grundvoraussetzung hierfür ist die lückenlose Erfassung aller Daten der Bevölkerung.« An späterer Stelle heißt es ganz ähnlich: »Die Verdatung der gesamten Bevölkerung der Bundesrepublik Deutschland bildet die materielle Grundlage für die totale soziale Kontrolle. Und Kontrolle ist der erste Schritt zur Manipulation.« Alle Kernvokabeln der Kritik an der Volkszählung sind in dieser Broschüre auf engstem Raum versammelt und werden Seite für Seite wiederholt: ›Erfassung‹, ›Kontrolle‹, ›Überwachung‹, ›Manipulation‹. Mit der Erhebung, so die Sorge der Gegner, kann sich das polizeilich-verwaltungstechnisch operierende Gebilde namens ›Staat‹ den Einzelnen endgültig als passives Objekt zurichten. »So werden wir alle fast unmerklich zu Marionetten«, schreiben die Herausgeber der Broschüre

156

mit einer häufig gebrauchten Metapher. »Gegen staatliche Maßnahmen, die uns zu fremdbestimmten Marionetten degradieren, müssen wir uns wehren.«[2]

Die Proteste von 1987 setzen eine Auseinandersetzung fort, die bereits vier Jahre zuvor mit großer Intensität geführt wurde. Nach dem ursprünglichen Zeitplan sollte die Volkszählung – die erste nach 1970 – bereits am 27. April 1983 beginnen. Doch das vom Bundestag Anfang 1982 einstimmig verabschiedete ›Volkszählungsgesetz‹ führt schon Monate vor dem Stichtag zu beträchtlichem Widerstand in der Bevölkerung. Der Zensus, so die verwunderte Diagnose des Präsidenten des Statistischen Bundesamts, »ist in einem Maße zum Gegenstand der öffentlichen Diskussion geworden, wie es von keinem der Beteiligten vorausgesehen worden ist«.[3] Bis zum März 1983 gehen beim Bundesverfassungsgericht mehr als 1200 Verfassungsbeschwerden ein, die in der bevorstehenden Volkszählung eine Missachtung von Grundrechten wie der ›freien Entfaltung der Persönlichkeit‹ und der ›freien Meinungsäußerung‹ erkennen. Eine der Beschwerden, eingereicht von zwei Rechtsanwältinnen und einem Jurastudenten aus Hamburg, wird zur Klage zugelassen, und am 13. April, zwei Wochen vor dem geplanten Beginn (die Zähler fangen in manchen Gemeinden schon mit der Verteilung der Bögen an), setzen die Karlsruher Richter die Volkszählung aufgrund der Verfassungswidrigkeit des zugrundeliegenden Gesetzes aus.

Ihr abschließendes Urteil vom Dezember 1983 bindet die Konformität des Zensus an »ergänzende grundrechtliche Regelungen für Durchführung und Organisation der Datenerhebung«. So erfordere es das ›Allgemeine Persönlichkeitsrecht‹, dass »kein Zusammenhang zwischen erhobenen Daten und individualisierbaren Personen oder Personengruppen hergestellt werden könne«. Diese Verbindung sei aber, im Unterschied zur vorangegangenen Erhebung von 1970, durch die neuen »technischen Voraussetzungen der Datenerhebung und Datenverarbeitung«[4] prinzipiell möglich. Elektronisch geführte Melderegister, von der Gemeinde- bis zur Bundesebene miteinander verschaltbar, könnten persönliche Informationen eines Bürgers beliebig abgleichen; und genau diese Durchlässigkeit, von der Volkszählung ausdrücklich erwünscht, sei mit dem Grundgesetz nicht vereinbar. Im Urteil vom Dezember 1983 mündet diese verfassungsrechtliche Skepsis in die Ausformulierung eines neuen Grundrechts, jenes bereits erwähnte ›Recht auf informationelle Selbstbestimmung‹, das den Schutz der Menschenwürde auch im Zeitalter elektronischer Datenverarbeitung garantieren soll. Dieses Grundrecht etabliert in Deutschland endgültig den öffentlichen Diskurs des ›Datenschutzes‹ und gibt die Richtlinien für ein neu zu erarbeitendes Volkszählungsgesetz vor.

In das Erhebungsformular von 1987, das sich aus dem ›Personenbogen‹, dem ›Wohnungsbogen mit Gebäudeangaben‹ und dem ›Haushaltsmantelbogen‹ zusammensetzt, gehen die Vorgaben des Bundesverfassungsgerichts ein. Im Vergleich zu der geplanten Zählung von 1983 hat es grundlegende Korrekturen bei der Erfassung und Verarbeitung der Daten gegeben. So befinden sich die Namen und die Anschrift eines Haushalts nicht mehr wie vier Jahre zuvor auf der Rückseite des ›Wohnungsbogens‹, sondern auf dem neuen, separaten ›Haushaltsmantelbogen‹, der nach Eingang des Formulars bei der Behörde von den übrigen getrennt wird. Er diene, wie es in einem Begleittext heißt, allein dazu, »die Vollzähligkeit der Erhebung zu gewährleisten; er wird nicht zusammen mit Ihren Angaben aus dem Personenbogen oder Wohnungsbogen auf elektronischen Datenträgern gespeichert«. Zudem können die Befragten die von einem Zähler an der Haustür ausgehändigten Umschläge nun selbst bei der Meldebehörde abgeben und müssen die Bögen nicht unverzüglich und in Gegenwart des Zählers ausfüllen, wie es noch 1983 vorgesehen war. Für die elektronische Weiterverarbeitung der Daten schließlich sollen strengere, präzise vorgegebene Richtlinien gelten. Auf dem Deckblatt der Zählungsformulare werden die Haushalte nun darüber informiert, dass in jeder Gemeinde »nur die besonders eingerichtete Erhebungsstelle die Fragebögen« zu Gesicht bekomme. »Keine andere Verwaltungsbehörde, auch keine andere Dienststelle der Stadt oder Gemeinde, erhält Einblick in die persönlichen Angaben. Die im Landesamt gespeicherten Daten können dem Einzelnen nicht mehr zugeordnet werden.«[5] Spürbar zeichnen sich die langen Debatten um ›informationelle Selbstbestimmung‹ in der Präsentation des neuen Formulars ab. Die Ansprache der Befragten im Jahr 1987 ist geprägt von einer Rhetorik der Besänftigung.

Aber welches vom Staat eingeforderte Wissen ist es genau, das in den achtziger Jahren eine derart kollektive Widerstandskraft hervorruft? Von den maximal 33 Fragen – 18 auf dem ›Personenbogen‹, elf auf dem ›Wohnungsbogen‹, mit vier zusätzlichen ›Gebäudeangaben‹ für Eigentümer oder Verwalter – geht für Teile der Bevölkerung eine immense Bedrohung aus. Der Kampf gegen diese Bedrohung führt in den Wochen vor dem 25. Mai 1987 zu Anschlägen und Bombenattentaten auf Verwaltungsgebäude, in denen die Vordrucke gelagert sind, unter anderem in Leverkusen und Freiburg. Die Einwohnermeldeämter in den hessischen Städten, so der Datenschutzbeauftragte des Bundeslandes im März, seien deshalb geschützt »wie Fort Knox«.[6] Wenn man heute, dreißig Jahre nach den Protesten, die Erhebungsformulare noch einmal durchsieht, entsteht ein irritierender Effekt. Denn die Fragen auf dem ›Personenbogen‹ und ›Wohnungsbogen‹ zeichnen sich durch eine unbestreitbare Zurückhaltung aus. Neben den in jedem Personenausweis enthaltenen Daten müssen Angaben zu Schulbildung, Berufsgruppe und Arbeitsweg gemacht werden, außerdem zur Größe, zur Ausstattung und zum Mietpreis der Wohnung. Die intimste Information, die der ›Personenbogen‹ einfordert, ist vermutlich Frage 14: »Wie viel Zeit benötigen Sie normalerweise für den Hinweg zur Arbeit oder Schule / Hochschule?« Nur ein Jahrzehnt nach der Volkszählung verlangen die ersten Sozialen Netzwerke ihren Nutzern ein ganz anderes Maß an persönlichen Angaben ab. Die Patentschrift von ›Sixdegrees‹ etwa gibt wie erwähnt vor, dass ein neues Mitglied »E-Mail-Adresse(n), Nachname, Vorname, Künstlername, Beruf, Wohnort, Hobbies, besondere Fähigkeiten, Fachkompetenzen und so weiter« in seinem ›Profil‹ hinterlegen soll.[7] Im Vergleich dieser beiden Verfahren der Datengewinnung wird die Zäsur, an der dieses Buch interessiert ist, deutlich sichtbar. Wenn in der Broschüre *Was Sie gegen Mikrozensus und Volkszählung tun können* die »lückenlose Erfassung der Bevölkerung«[8] angemahnt wird, wenn im

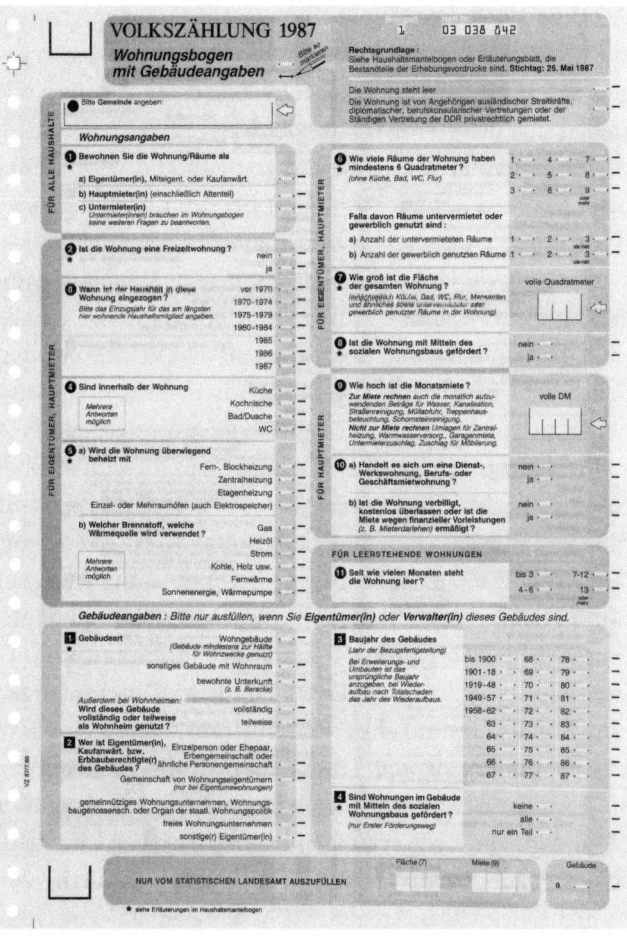

Der ›Wohnungsbogen‹ der Volkszählung von 1987

161

Frühling 1987 über Monate hinweg alle Fußgängerzonen, alle Marktplätze in Deutschland von Demonstrationen gegen den ›Überwachungsstaat‹ bevölkert sind, dann vollziehen sich diese Proteste auf der Basis eines Datensatzes, dessen Banalität von heute aus fast rührend wirkt. Jedes neue Mitglied auf Facebook gibt bei der Erstellung eines ›Profils‹ ein Vielfaches an Informationen über sich preis.

Was ist in dieser kurzen Zeit geschehen? Womit ist es zu erklären, dass sich innerhalb einer Generation der grundsätzliche Umgang mit Registrationsweisen des eigenen Selbst derart tiefgreifend verändert hat? ›Erfassung‹ wird heute nicht mehr in erster Linie als viktimisierende Prozedur wahrgenommen, als Bemächtigungstechnik einer Instanz wie des ›Staates‹ oder der ›Polizei‹, sondern ist für die meisten Menschen zu einem produktiven Akt geworden. Was die aufgewühlte Masse der Volkszählungsgegner nur im Schreckensbild der ›Überwachung‹ fassen konnte, reüssiert heute als soziale Tugend der ›Kommunikation‹. Im Zuge dessen hat auch die Semantik des Durchsichtigen eine Bedeutungsumkehr erfahren. Transparente Einblicke weisen mittlerweile nicht mehr auf Bedrohliches, sondern sind Ausdruck vorbildlicher ethischer oder ökologischer Maximen. Die Rede vom ›gläsernen Menschen‹, im kritischen Vokabular der achtziger Jahre allgegenwärtig, gibt es nicht mehr. Das Attribut ist heute vielmehr ein Gütesiegel. Ein Brandenburger Biomilch-Produzent trägt den Markennamen ›Gläserne Molkerei‹.

Die Polizei als Katalysator der Menschenerfassung

Bemisst man den Widerstand gegen die Volkszählung 1987 an den Standards heutiger Datenzirkulation, ergibt sich beinahe ein pathologisches Zeitbild. Die erregten Stimmen auf den Podien, die Protestmärsche durch die Straßen wirken wie Spuren einer Massenhysterie angesichts der Erkundungen nach Wärmequellen in der Wohnung oder nach dem bevorzugten öffentlichen Verkehrsmittel. Woher rührte die Angst? Aufschlussreich ist, dass die Gegner der Erhebung die mangelnde Dringlichkeit der Fragen auf den Bögen selbst zur Sprache bringen. Ein kritischer Artikel konstatiert im März 1987 etwa »die unbestreitbare Harmlosigkeit der einzelnen Volkszählungsdaten«. Schon vor dreißig Jahren steht also nicht der Nennwert separater Informationen zur Debatte; die Bedrohung wird vielmehr an das Potential der gesamten Datenerhebung geknüpft. Denn die Trivialität der Fragen, so der oben zitierte Artikel weiter, »verschleiert [...], welche Brisanz in ihren multifunktionalen Verknüpfungsmöglichkeiten steckt«.[9] Die computerbasierte Erfassung kann die Datensätze zerteilen, filtern, vergleichen, neu zusammensetzen, und in dieser unkontrollierbaren Wucherung liegt für die Boykotteure die eigentliche Gefahr. Den offiziellen Beteuerungen, das neue Grundrecht auf ›informationelle Selbstbestimmung‹ habe enge Kanäle und stabile Grenzen der Datenverarbeitung errichtet, schenken sie keinen Glauben. Dass etwa die »Entanonymisierung« des ausgefüllten Personen- und Wohnungsbogens laut Deckblatt der Volkszählung »praktisch ausgeschlossen« sei, gilt in der Widerstandsbewegung als reines Beschwichtigungsmanöver. Über die Ordnungsnummer, so die Broschüre des Zweitausendeins-Versands, sei »eine Identifizierung der befragten Person jederzeit möglich«.[10]

Im Rückblick muss die heute fremd gewordene Erfassungsphobie also an die spezifische Mediensituation der siebziger und achtziger Jahre gebunden werden. Der Zusammenschluss verstreuter Schriftstücke wie Akten, Karteikarten, Formulare, Protokolle zu einer elektronischen ›Datenbank‹ wird zu dieser Zeit in unterschiedlichen Verwaltungskontexten erstmals sichtbar. Diese Vereinheitlichung vormals heterogener Daten über den einzelnen Menschen, deren Funktionsweisen und Anwendungsgrenzen unbekannt sind, ruft diffuse Besorgnis hervor. Die angekündigten Volkszählungen 1983 und 1987 sind daher nur die besonders prominenten Schauplätze einer Kritik, die sich in diesen Jahren auf vielfältige administrative Umstellungen richtet. Parallel zum Zensus von 1987 etwa sorgen der computerlesbare Personalausweis oder der Datenverbund zwischen Polizei und Flensburger Zentralverkehrsregister für ganz ähnliche politische Auseinandersetzungen. Auch die Popularität neuer Medientechnologien wie Kabelfernsehen, Videotext und Bildschirmtext wird in den Protest gegen die Volkszählung miteinbezogen. In einem Beitrag namens *Schöne neue Kabelwelt*, der die dystopische Sorge bereits im Titel trägt, heißt es etwa in einer Boykottbroschüre: »Wer teilnimmt, wird verdatet. Oder anders ausgedrückt, wo Bildschirmtext da Datenproblem«. Und die Herausgeber des Zweitausendeins-Ratgebers schreiben in vertrauter Diktion: »Im Zeitalter des Kabelfernsehens und Bildschirmtexts wird das Konsumverhalten überwach- und steuerbar […],

164

und die Verbraucher / innen können effektiver und gezielter manipuliert werden.«[11]

Worauf lässt sich diese panische Konnotation der Begriffe ›Erfassung‹ und ›Verdatung‹ in den 1980er Jahren genau zurückführen? Zunächst fällt ins Auge, wie wichtig die Referenz auf die nationalsozialistischen Verbrechen für die Volkszählungsgegner ist. Im Jahr 1983 liegt das Ende des Zweiten Weltkriegs nur eine Menschengeneration zurück, und die kritische Aufnahme des geplanten Zensus wird häufig von Hinweisen auf die Registrationsexzesse des NS-Staats begleitet. Als Götz Aly und Karl Heinz Roth 1984 ihre historische Studie *Die restlose Erfassung* über die verwaltungstechnischen Bedingungen der Judenvernichtung publizieren, deutet schon der Untertitel – *Volkszählen, Identifizieren, Aussondern im Nationalsozialismus* – auf die besondere Aktualität des Themas hin. Die materialreich belegte These der Autoren, dass vor allem optimierte Erfassungspraktiken ab 1933 die Verfolgung und Ermordung der europäischen Juden ermöglichten, wird in Einleitung und Schlusskapitel eng an die geplante Volkszählung von 1983 gebunden. Aly und Roth schreiben: »Liegt nicht schon in der Abstraktion des Menschen zur Ziffer ein fundamentaler Angriff auf seine Würde? Ist nicht die Versuchung gegeben, den einmal zum Merkmalsprofil geronnenen Menschen zu begradigen, zu bereinigen«, und sie verstehen diese rhetorischen Fragen gleichermaßen als Fazit ihrer historischen Analysen wie als solidarischen Kommentar zum Protest gegen den aktuellen Zensus. Die prinzipielle Kritik an Volkszählungen – als »gegen die gesellschaftliche Phantasie gerichtete Angriffe« – kann dabei mit umso größerer

Dringlichkeit erfolgen, weil die Autoren aufgrund ihrer Expertise als Historiker wissen, wohin diese Verdatungsmaßnahmen führen können. Denn, so das zentrale Ergebnis ihrer Forschungen: »Die Erfassung und bürokratische Ausgrenzung der Juden begann in Deutschland mit der Volkszählung vom 16. Juni 1939.«[12] Wie eng die Studien über nationalsozialistische Verwaltung an die gegenwärtigen Ereignisse gebunden sind, macht Götz Aly noch einmal im Jahr 1987 deutlich, als er eine Zusammenfassung des Buches *Die restlose Erfassung* in einer Broschüre zum Volkszählungsboykott veröffentlicht.[13] Der NS-Staat erscheint in diesem Kontext deshalb als wichtiger Bezug, weil er die latenten Gefahren heutiger Registrationsweisen im Stadium ihrer entfesselten Anwendung zeigt. Genau dieselbe Funktion nehmen auch die zahlreichen Erwähnungen des ›Dritten Reichs‹ in der Broschüre *Was Sie gegen Mikrozensus und Volkszählung tun können* ein. Der Einsturz aller rechtsstaatlichen Grenzen zwischen Politik, Verwaltung und Polizei, wie ihn die Herausgeber durch die Volkszählung und die willkürliche Verarbeitung der Daten befürchten, sei gerade ein Kennzeichen der beginnenden NS-Diktatur gewesen. Als das Grundgesetz der Bundesrepublik Deutschland geschaffen wurde, schreiben sie, »bestand Einigkeit, daß ein solcher Zustand niemals mehr eintreten dürfe. Das alles scheint nun vergessen.«[14]

Die nationalsozialistischen Verbrechen wirken im Kampf gegen die Volkszählungen in den 1980er Jahren also nach. Da aber in der BRD auch schon 1950, 1956, 1961 und 1970 Erhebungen stattfanden, die allesamt ohne spürbaren Widerstand durchgeführt wurden, kann diese traumatische Referenz nicht das entscheidende Kriterium der Erfassungsangst ausmachen. Zwischen 1970 und 1983 muss in der Wahrnehmung von ›Verdatung‹ vielmehr ein Wandel eingetreten sein, der ein kollektives Misstrauen gegenüber Registrierungsverfahren nach sich gezogen hat. Dieser Wandel hat wie erwähnt mit den medientechnischen Neuerungen der Zeit und ihren frühesten Einsatzorten zu tun.

In welchen Kontexten taucht das computergenerierte Wissen vom einzelnen Menschen zum ersten Mal in der Öffentlichkeit auf? Welche Individuen sind es, deren Erfassung und Identifizierung rechtfertigt, die noch äußerst kostspieligen und raumgreifenden elektronischen Apparaturen in den Behörden zu installieren? Diese Fragen müssen im Blick behalten werden, um die hohe Sensibilität bei der Weitergabe persönlicher Daten zu verstehen. Im Jahr 1968 veröffentlicht Horst Herold, frisch ernannter Polizeipräsident von Nürnberg, einen Aufsatz namens *Organisatorische Grundzüge der elektronischen Datenverarbeitung im Bereich der Polizei*, in dem er betont, »daß die polizeiliche Tätigkeit von jeher nichts anderes war als die Beschaffung, die Verarbeitung und die Verwertung sowie der Transport von Daten«. Zu dieser Zeit lagern in bundesdeutschen Polizeiarchiven etwa 15 Millionen Akten, die nicht miteinander kommunizieren: für Herold eine skandalöse Fragmentierung der Datenlage, die eine effiziente Verbrechensbekämpfung behindert. Die künftige Durchschlagskraft der Polizei ist in seinen Augen deshalb gleichbedeutend mit einer möglichst vollständigen Verschaltung dieser losen Schriftstücke; es bedarf »einer umfassenden Erhebung aller sich auf den Verbrecher und das Verbrechen beziehenden Daten in einer systematisierten, maschinengerechten Form«. Denn nicht das Kombinationsgenie der leitenden Ermittler, nicht der Fleiß jedes einzelnen Streifenpolizisten ist die wichtigste Voraussetzung bei der erfolgreichen Aufklärung von Straftaten, sondern effiziente Informationsverarbeitung. Für den marxistisch sozialisierten Kriminologen gilt, dass »das maschinelle Sein das polizeiliche Bewußtsein bestimmt«.[15] Horst Herolds computerbasierte Erweiterung der Fahndungsmethoden in seiner Zeit als Präsident des Bundeskriminalamts, seine zentrale Position im Kampf gegen den RAF-Terrorismus wurde in der Vergangenheit häufig beschrieben. Für die hier untersuchten Zusammenhänge ist entscheidend, dass die frühen technologischen Umstellungen der Kriminalpolizei, wie etwa der Aufbau der Datenbank ›Inpol‹ ab 1972, dafür sorgen, dass computerbasiertes Wissen über Individuen in Deutschland von Anfang an mit der Jagd nach Straftätern assoziiert wird. Die elektronische Erfassung des Menschen ist gleichbedeutend mit der optimierten Einkreisung und Verifizierung von Verdacht. Wessen Daten ›gespeichert‹ sind, ist dem Zugriff polizeilicher Macht bereits ausgesetzt, und dieser Zugriff ist umso nachhaltiger, weil die berüchtigte ›Rasterfahndung‹ Herolds nicht nur positiv vorgeht, als elektronisch verfeinerte Suche nach konkreten, bereits bekannten Verdächtigen. Die bahnbrechende Neuerung besteht ab den späten siebziger Jahren vielmehr darin, durch die computergeleitete Bearbeitung von Namenslisten und persönlichen Daten nun auch unbekannten Tätern, über die nur einzelne Verhaltensdetails bekannt sind, durch sukzessive Filterung auf die Spur zu kommen. Es geht um das Vermögen, wie Herold die ›negative Rasterfahndung‹

selbst beschrieben hat, »einen von der Polizei verwahrten und zu untersuchenden Datenbestand durch Löschungen auf einen Rest von Verdächtigen zu vermindern«.[16] Und in dieser Ermittlungspraxis kann jede randständige Information über einen bislang unauffälligen Menschen zum Begründungsmoment von Verdacht werden – eine polizeiliche Zugriffsweise, die, wie die Gegner der Volkszählung fürchten, durch die Erhebungsbögen weitreichendes Datenmaterial erhält.

»Totalitäre Formen der Digitalisierung«[17] stehen in den Augen der Kritiker mit dem computergeleiteten Zensus zur Disposition, und diese Angst wird Mitte der 1980er Jahre verstärkt von den offenbar prophetischen Darstellungen der Literatur. Die bekannteste Dystopie im 20. Jahrhundert, verfasst in den Jahren nach dem Zweiten Weltkrieg, scheint kurz vor dem tatsächlichen Eintreten der von ihr beschriebenen Zukunft Wirklichkeit zu werden. George Orwells Roman *1984*, der deshalb so heißt, weil der Autor das Manuskript Ende 1948 fertiggestellt hat (eine kleine Stockung der Inspiration hätte vielleicht zum Titel *1994* geführt), ist ein omnipräsenter Bezug in der Widerstandsbewegung, der in kaum einem Artikel, kaum einer Broschüre fehlen darf. Vor allem im Frühling 1983 wird die bevorstehende Erhebung immer wieder als termingetreue Umsetzung der fiktiven Schreckensbilder gewertet. »Die zum 27. April 1983 angesetzte Volkszählung«, heißt es in einem Sammelband, »ist der punktuelle Katalysator für eine tief in uns allen sitzende Mischung aus Zorn und Angst über die Verwirklichung der Orwellschen Vision«. Vom Erfolg des Flugblatts *Computer beherrschen das Land*, das Anfang 1983 den koordinierten

Widerstand gegen die Volkszählung mitauslöste, wird in demselben Band gesagt: »Die Beschwörung der Angst vor dem Orwellschen Überwachungsstaat traf ins Schwarze.« Am Tag nach der Aussetzung des geplanten Zensus durch das Bundesverfassungsgericht trägt die maßgebliche Reportage in der *Süddeutschen Zeitung* den Titel *Warten auf Orwells Jahr*. Die literarische Darstellung eines totalitären Staates, in dem in jeder Ecke ›Teleschirme‹ das Leben der Bevölkerung überwachen, dient in der kritischen Berichterstattung über die Volkszählung durchgehend als Folie – bis hin zur flapsigen Bezeichnung jenes Betrags, den die Supermarktkette ›Plus‹ im Frühjahr 1983 für ihre Plastiktüten mit Volkszählungs-Werbung verlangt, als »Orwell-Groschen«. Und auch 1987, drei Jahre nach dem Stichdatum der Romanhandlung, bleibt das Buch eine populäre Referenz. In der Zweitausendeins-Broschüre heißt es etwa: »Wovor Orwells Roman ›1984‹ warnte, vor einer Welt totalitärer Überwachung, einer Welt des Gesinnungsterrors und der Bürokratie, der amtlichen Verlogenheit und Manipulation, […] – dies ist nun greifbare Wirklichkeit geworden.«[18]

Semantik des Netzes

Der Schrecken des Erfasstwerdens ist dabei immer an jene »anstehende Vernetzung«[19] gekoppelt, die im Verständnis der Boykotteure als eigentliches Ziel des aktuellen Zensus dient und in Orwells fiktivem Staat ›Ozeanien‹ bereits mustergültig ausgeführt sei. In den 1980er Jahren hat die

Semantik der Wörter ›Netz‹ und ›Vernetzung‹ einen un-
missverständlichen Beiklang des Bedrohlichen. Die Begriffe weisen auf die Ausbreitung und Verfeinerung einer
Machtinstanz, deren Wirkungsradien unklar sind. »Das
Stahlnetz stülpt sich über uns«,[20] lautet nicht umsonst das
Motto der Artikelserie *Der Weg in den Überwachungsstaat*,
die ab 1979 zunächst im *Spiegel* veröffentlicht wird und
bis Mitte der achtziger Jahre in zahlreichen Buchauflagen
erscheint. Wer als Einzelner, so die Botschaft, in dieses
wuchernde Geflecht computergeleiteter Datenerfassung
gerät, wird in seiner freien Entfaltung behindert und in
seiner Identität bedroht.

Es ist aufschlussreich, dass diese Semantik der ›Vernetzung‹ auch in den Anfangsjahren des Internets in populä-
ren Imaginationen wie dem Hollywood-Kino ihre Gültigkeit bewahrt. In dem Film *Das Netz* von 1995 mit Sandra
Bullock wird das latent paranoide Potential im Verhältnis von Individuum und elektronischem Medienverbund
noch einmal in aller Konsequenz vorgeführt. Die Hauptfigur ist eine Softwarespezialistin namens Angela Bennett,
deren soziale Isolation in gleichem Maße zunimmt wie
die Intensität ihrer Computernutzung. Die junge Frau hat
keine Familienanbindung mehr (der Vater verschollen, die
demente Mutter im Pflegeheim), sie arbeitet im Jogging-
anzug von zu Hause aus, für einen Softwarekonzern in
einer anderen Stadt, beschränkt ihr Liebesleben auf ble-
cherne Online-Chats und bestellt auch ihre Pizza über das
Internet, was 1995 noch nicht, wie in den heutigen Zeiten
von *Lieferando* und *Deliveroo*, als Ausweis urban-mobilen
Lifestyles gilt, sondern als Indiz akuter Vereinsamung. Als
Angela Bennett kurz vor einer Urlaubsreise, der »ersten

seit sechs Jahren«, auf einer Diskette ihres Arbeitgebers den Zugang zu einer Fülle geheimer Dokumente entdeckt, gerät sie ins Visier terroristischer Computerhacker, die Aktienkurse und Börsen manipulieren. Die Gruppe muss die verräterische Diskette in ihren Besitz bringen (mobil abrufbare Datenspeicher wie die ›Cloud‹ sind Mitte der neunziger Jahre noch nicht erfunden), und als das misslingt, beginnen die Hacker, die Identität der Frau nach und nach zu tilgen, um sie unter Druck zu setzen. Im mexikanischen Strandhotel ist Angela Bennett, der alle Ausweisdokumente gestohlen wurden, plötzlich nicht mehr registriert, und als sie in der Botschaft ein Visum beantragen will, hält sie das Melderegister für eine andere Person, ›Ruth Marx‹; nur unter diesem Namen kann sie zurück in die USA gelangen. Nach der Heimkehr ist das am Flughafen geparkte Auto verschwunden und ihr Haus von einer Frau, die sich ›Angela Bennett‹ nannte, leergeräumt und zum Verkauf freigegeben. Der Film spielt fortan das Experiment durch, was eine abgeschieden lebende, nur in Computerwelten beheimatete Person tun kann, um zu beglaubigen, wer sie tatsächlich ist. In Los Angeles kennt Angela Bennett, die von jeher im Home Office arbeitet und keinerlei Freunde hat, nur einen einzigen Menschen persönlich, ihren ehemaligen Psychotherapeuten, der die Geschichte von der vertauschten Identität aber für Wahnvorstellungen hält. Ihre Widersacher haben Zugang zu Polizeicomputern und Krankenkassendaten, verändern Fingerabdrücke und Vorstrafenregister, und als Angela Bennett nach einem Fahndungsaufruf schließlich verhaftet wird, stimmen bei der erkennungsdienstlichen Behandlung alle Identifizierungsmerkmale mit der flüchtigen Straftäterin ›Ruth Marx‹ überein. Sogar die Pflicht-verteidigerin hält die Schilderungen der Inhaftierten für nichts als Paranoia.

Da *Das Netz* ein eher konventionell aufgebauter Holly-wood-Thriller mit Happy End ist, kann die Protagonistin die Verwicklungen in letzter Minute klären; sie über-führt den von ihrem Arbeitgeber gegründeten Ring der Cyberterroristen, die wahre Ruth Marx kommt um, und Angela Bennett ist rehabilitiert. Die mediengeschicht-lich interessante Konstellation des Films hängt aber mit der Frage zusammen, welche Phantasien die titelgebende ›Vernetzung‹ von computergenerierten Daten 1995 noch heraufbeschwört, welche Beziehung zwischen der sozia-len Einbettung eines Menschen und dem Grad seiner On-line-Aktivitäten entfaltet wird. Alles an der Darstellung der Hauptfigur soll auf die Erkenntnis zuführen, dass eine Person, deren Interaktionen sich nur über Computerda-ten bezeugen lassen, ihre Existenz aufs Spiel setzt. Am mexikanischen Strand, wo die menschenscheue Angela Bennett mit aufgeklapptem Laptop sitzt, spricht sie ein Mitglied der Bande zum ersten Mal an: »Computer sind Ihr Leben, oder?« – »Ja, sie sind ein ideales Versteck.« Das Internet erscheint kurz nach seiner allgemeinen Etablie-rung noch als asoziales Netzwerk; labile Subjekte können im Geflecht der Daten untergehen. »Unsere ganze Welt ist gespeichert in Computern«, sagt Angela Bennett einmal zu ihrer Pflichtverteidigerin, mit einem Vokabular, das an die Broschüren der Volkszählungsgegner erinnert, »und da liegt dieser kleine elektronische Schatten auf jedem Einzelnen von uns und bittet nur darum, manipuliert zu werden.«

Der Glamour der Verdatung

Genau zu der Zeit, da Sandra Bullocks Kampf gegen ihre eigene Abschaffung in den Kinos zu sehen ist, zeichnet sich immer deutlicher eine andere Semantik des elektronischen ›Netzes‹ ab, ein anderes Verständnis von ›Erfassung‹, dem es nicht mehr um das prekäre, sondern um das produktive Potential datengeleiteter Identität geht. Die ersten Online-Dating-Plattformen wie match.com werden gegründet, das Patent für das Sixdegrees-Netzwerk entsteht, die Bücher von Howard Rheingold, Nicholas Negroponte oder Sherry Turkle feiern die freie, selbstbestimmte Existenz in den virtuellen Gemeinschaften; und auch die frühe europäische ›Netzkritik‹ von Geert Lovink, Pit Schultz und anderen, die sich in dezidierter Opposition zu den Lobpreisungen des unberührten ›Cyberspace‹ sieht, ähnelt den nordkalifornischen Internetpionieren zumindest darin, die aktive Teilhabe am ›Netz‹ mit ebensolcher Bestimmtheit zu betonen: »Netzkritik«, so Lovink Ende 1996, »positioniert sich innerhalb des Netzes, innerhalb der Software und der Kabel«.[21] Das Internet gebiert in der Aufbruchszeit digitaler Kultur keine soziophoben Einzelgänger wie Angela Bennett mehr, sondern gesellschaftlich eingebundene Bürger, wache ›Netizens‹, wie ein in der zweiten Hälfte der neunziger Jahre populärer Neologismus besagt. Wenn ›vernetzt‹ zu sein heute als performativer Akt und nicht mehr als fremdgesteuerter Zustand verstanden wird, als kommunikative Begabung, ohne die weder eine berufliche Karriere noch ein erfülltes soziales Leben möglich ist, dann weist diese unwidersprochene Konnotation auf eine Epochenschwelle, die kaum älter als zwanzig

Jahre ist. Das ›Netz‹ aus elektronisch verbundenen Daten stülpt sich nicht mehr wie eine Stahlglocke über die Menschen, bringt sie nicht mehr zum Verschwinden, sondern erscheint in den maßgeblichen Rhetoriken der digitalen Kultur, von marktorientierter wie von kritischer Seite, als Katalysator, als gestaltbare Infrastruktur. Kennzeichnend für die Reden von ›Vernetzung‹ und ›Erfassung‹ in den letzten zwanzig Jahren, so könnte man sagen, ist also eine bemerkenswerte Entparanoisierung.

Die Gründlichkeit dieser Umstellung wird deutlich, wenn man das tief verankerte Unbehagen an Verfahren der Datenzirkulation, wie es sich etwa in Deutschland in den 1980er Jahren immer wieder öffentlich formierte, mit den heutigen Verhaltensstandards in Beziehung setzt. Im Jahr 2011 wurde eine EU-weite Volkszählung, die erste in Deutschland seit 1987, ohne jede sichtbare Spur von Protesten durchgeführt; alltägliche Methoden der Selbstverdatung, in Gestalt der Social-Media-Profile, der Ortung auf dem Smartphone, der mobilen Körpervermessung haben in weiten Teilen der Bevölkerung ein Maß an Selbstverständlichkeit erreicht, das den abverlangten Informationen eines Zensus jede Bedrohlichkeit nimmt. Das ›Quantified Self‹ empfindet Vermessung und Zählung wie beschrieben als identitätsstiftend; wenn es auf der Website von Fitbit heißt, das ›Flex‹-Armband »trackt alle Aspekte des Tages«, dann gilt ubiquitäre Erfassung nicht mehr als Horrorszenario, sondern als Serviceleistung.

Ein elementarer Wandel kollektiver Mentalität, der nicht zuletzt mit dem Absender des Erfassungsgebots zu tun hat: In den 1980er Jahren waren es Regierungsinstanzen, deren im Rahmen einer Volkszählung gestellte

175

Datenforderungen Misstrauen bei einer Vielzahl von Menschen hervorrief; vom ›Staat‹ erfasst zu werden war gleichbedeutend damit, den autonomen Kern der eigenen Persönlichkeit preiszugeben, in den Mustern der Strichcodes die Menschenwürde zu verlieren, »begradigt« und »bereinigt« zu werden, wie Götz Aly und Karl Heinz Roth 1984 schrieben. Wenn man sich heute die diskret platzierten, nur nach einer langen Reihe von Klicks aufrufbaren ›Datenschutzrichtlinien‹ von Konzernen wie Facebook, Instagram oder Snapchat durchliest, wird sofort deutlich, dass sich die Verarbeitung und Weitergabe der in den ›Profilen‹ hinterlassenen persönlichen Informationen auf weitverzweigte, nicht unbedingt klar dargelegte Weise vollzieht. Und dennoch hat sich die Affektlage der Nutzer von Sozialen Medien (deren Zahl mit der erwachsenen Gesamtbevölkerung in Ländern wie Deutschland oder den USA inzwischen fast identisch ist) im Vergleich zu den Erfassungsphobien der achtziger Jahre komplett gedreht. Von den Weltkonzernen der digitalen Kultur ›verdatet‹ zu werden löst in der Regel keine paranoiden Ängste mehr aus, sondern Empfindungen von Zugehörigkeit und Integration. Der Einzelne droht nicht unterzugehen wie im Zugriff der kalten Krake Staat; er geht vielmehr auf in der Community der Nutzer. In der Geschichte der Medientechnologien war vielleicht keiner Gründungsrhetorik eine ähnlich nachhaltige Wirkung beschieden wie den Reden über Selbstentfaltung und Gemeinschaftsbildung in den Anfangsjahren des Internets, von der jede Keynote Mark Zuckerbergs, jeder heimelige Werbeclip von Airbnb noch heute zehrt. Das Versprechen des Miteinanders in den ›Timelines‹ und ›Stories‹ überstrahlt alle beiläufig ab-

176

laufenden Transaktionen zwischen Nutzer und Anbieter, auch wenn das Geschäftsmodell der Konzerne, ihre Gewinnung und Veräußerung von persönlichen Daten, als überaus verfeinerte, intransparentere Version jener behördlichen Erfassungspraktiken verstanden werden kann, die in den 1980er Jahren so starken Widerstand ausgelöst haben.

Es sind diese Verflechtungen, die Michel Foucaults Analysen, vom frühen Konzept einer ›Mikrophysik der Macht‹ bis zu den regierungstheoretischen Bemerkungen über ›Gouvernementalität‹ in den letzten Vorlesungen, so nützlich für die Untersuchung des Menschenbilds in der digitalen Kultur machen. Denn wenn es zu Foucaults bahnbrechenden Überlegungen gehört, in einer Hochphase marxistisch geprägter Kritik, mit ihren klaren Polen von Unterdrückern und Unterdrückten, gerade auf die Ortlosigkeit und Ubiquität von Machtbeziehungen aufmerksam zu machen, dann hat die flächendeckende Ausweitung der Erfassungsverfahren im letzten Vierteljahrhundert – von den punktuellen Erhebungen staatlicher Behörden zu den allgegenwärtigen Datenabfragen im Netz – seine Theorien in unvorhersehbarer Weise bekräftigt. Nach 1989, nach dem Ende der sozialistischen Staaten und der Blockbildung im Kalten Krieg, das in bemerkenswerter Synchronizität in die Jahre des Aufkommens digitaler Kultur fällt, verlieren die herkömmlichen Agenten und Instanzen politischer Macht in Europa und Nordamerika an Sichtbarkeit. Dieser Rückzug äußert sich auch an der deutlichen Abschwächung von Widerstandsbewegungen gegen ein Gebilde namens ›Staat‹ seit den 1990er Jahren. Gleichzeitig beginnen die zunehmend deregulierten, von

privaten Unternehmen gesteuerten digitalen Kommuni-
kationstechnologien, die Erfassungstechniken staatlicher
Behörden zu übernehmen und zu verdichten. Mit dem
Machtverständnis jener politischen Kritik, die von 1968
bis Ende der achtziger Jahre die Protestbewegungen im
Westen bestimmte, ist diesen Verhältnissen nicht mehr
beizukommen; Erfasser und Erfasste, Unterdrücker und
Unterdrückte stehen in keinem klar zu scheidenden Op-
positionsverhältnis mehr. In Kalifornien entwickelt sich
rund um das 1993 gegründete Magazin *Wired* eine unerwartete Allianz von Internetaktivisten, die der kalifornischen Gegenkultur entstammen, und marktliberaler kon-
servativer Politik; beide Sphären nähern sich im Wunsch
nach einer möglichst defensiven Rolle der Regierungsbe-
hörden bei der Etablierung digitaler Infrastrukturen an.[22]
Die computergeleitete Erfassung des Menschen nimmt
also in vielfacher Weise zu, aber die soziale und politische
Einbettung der Zirkulation persönlicher Daten hat sich
auf eine Weise gestaltet, die nicht vorauszusehen war.

1984, von heute aus

Besonders anschaulich wird dieser Bruch, wenn man die
dystopische Pflichtreferenz jener Zeit, George Orwells
Roman *1984*, noch einmal aus der Perspektive aktueller
Medienrealität liest. Es ist erstaunlich, wie nah und wie
fern die Imaginationen Orwells unserer Gegenwart gleichermaßen stehen. Wenn die Masse der Volkszählungs-
kritiker vor dreißig Jahren die Verwirklichung des fikti-

ven ›Überwachungsstaats‹ unmittelbar bevorstehen sah, müssten die medientechnischen Entwicklungen seither diese Befürchtung eigentlich gestützt haben. Denn die Präsenz vernetzter Bildschirme, in jeder Wohnung, in jeder U-Bahn, an jeder Straßenecke hat im frühen 21. Jahrhundert einen Grad an Verdichtung angenommen, der nicht einmal im postapokalyptischen, von vierzig Jahren Dauerkrieg zermürbten Ozeanien erreicht wird. »Der Teleschirm war Sende- und Empfangsgerät zugleich«, heißt es im Roman über die zumindest im Londoner Stadtraum flächendeckend installierten Apparate; die Nachrichten, Anweisungen und Motivationslieder der Partei kommen in den Wohnungen »aus einer länglich-rechteckigen Metallplatte, die wie ein blinder Spiegel in die Wand« eingelassen ist. Die Bewohner können das Gerät »zwar leiser stellen, aber ganz ausschalten ließ es sich nicht«. Jede Regung der Menschen wird in *1984* von den Displays aufgezeichnet (»wohin man sich auch wandte – man stand vor dem Teleschirm«), und diese Totalerfassung ist verbunden mit einem Befehl zur permanenten sozialen Interaktion. »Man erwartete«, schreibt Orwell über den Verhaltenskodex jedes Parteimitglieds, »daß es sich, wenn es nicht gerade arbeitete, aß oder schlief, an irgendeiner Gemeinschaftsvergnügung beteiligte: irgendetwas zu tun, das auf einen Hang zu Einsamkeit schließen ließ, bereits alleine spazierenzugehen konnte schon gefährlich sein.«[23] Das Verdachtsmoment eines nicht medial erfassten Lebens, die latente Pathologie eines »Hangs zur Einsamkeit«: In den 2012 geführten Debatten um die Facebook-Abstinenz potentieller Amokläufer scheint dieser Imperativ des Sozialen tatsächlich eingelöst zu sein.

Im Hinblick auf die aktuellen Standards der Medientechnologie hat Orwells *1984* also – wenngleich mit Verzögerung – vorausschauende Gaben besessen, und es scheint konsequent zu sein, dass in politischen Krisenzeiten, wie nach der Wahl Donald Trumps Ende 2016, das Buch wieder Verkaufserfolge feiert. Dennoch kommt diesen punktuellen Ähnlichkeiten für sich genommen wenig Bedeutung zu. Aussagekräftiger sind vielmehr die grundlegenden Differenzen des politischen Kontexts, die bei allen medientechnischen Bezügen zwischen der dystopischen Welt des Romans und den gegenwärtigen Verhältnissen bestehen. Heute leben fast alle Menschen in Europa und Nordamerika (den jüngsten politischen Entwicklungen zum Trotz) weiterhin in freien, demokratischen Staatsformen. Es gibt kein totalitäres Überwachungsregime, das die Handlungen und Gedanken seiner Untertanen mittels aufgezwungener Kommunikationstechniken kontrollieren und jede Übertretung drastisch bestrafen würde. An die Stelle des bei Orwell so spürbaren, tyrannischen Gebildes ›Staat‹ als Zentrum der Datenzirkulation sind in der Medienrealität des frühen 21. Jahrhunderts diskretere Absender und Versorger getreten: eine Reihe privat geführter Weltkonzerne, deren Archive, Infrastrukturen und Reichweiten vermutlich umfassendere Informationen über jeden einzelnen Menschen hervorbringen, als es geheimpolizeilichen Organen je möglich war, deren Position gegenüber den Nutzern aber nicht als Herrschaftsverhältnis wahrgenommen wird.[24]

In *1984* sind die Orte der Macht jederzeit sichtbar und genau zu lokalisieren, die vier riesenhaften Gebäude der ›Ministerien‹, die an die Repräsentationsträume sozialistischer und nationalsozialistischer Architektur erinnern und deren Gestalt sich im Londoner Stadtbild »verblüffend von allem unterschied, was man sonst sah«; in ihnen ist »der gesamte Regierungsapparat aufgeteilt«.[25] Der personelle Aufbau dieses Apparats organisiert sich in einem System konzentrischer Kreise, mit dem ›Großen Bruder‹ im Zentrum, dem privilegierten Mitgliederring der ›inneren Partei‹, der auch die Sendefunktion der Teleschirme zur Verfügung steht, und der randständigen, unterdrückten Bevölkerungsmasse der ›äußeren Partei‹, zu der auch die Hauptfigur Winston Smith gehört. In diesem hierarchischen System ist der Einsatz von elektronischen Medien nur als Kontrollmaßnahme einer autoritären Instanz denkbar: »Mit der Entwicklung des Fernsehens und durch dessen technische Weiterentwicklung, die es ermöglichte, mit demselben Gerät gleichzeitig zu empfangen und zu senden«, heißt es im Roman über die Geschichte Ozeaniens, »war jegliches Privatleben zu Ende. Jeder Bürger, oder zumindest jeder, der wichtig genug war, um beobachtet zu werden, konnte vierundzwanzig Stunden am Tag den Augen der Polizei und den offiziellen Propagandasendungen ausgeliefert werden.« Erfassungs- und polizeiliche Ermittlungsarbeit sind in Orwells Roman dasselbe, und diese Übereinstimmung mündet in ein Menschenbild restloser Uniformität. Denn mit dem System von Teleschirmen »bestand zum erstenmal die Möglichkeit, allen Untertanen nicht nur den absoluten Gehorsam gegenüber dem Willen des Staates, sondern auch die absolute Einheitsmeinung aufzuzwingen«.[26]

Das Überwachungsregime in *1984* soll jede Art von individueller Entfaltung vernichten. In Ozeanien leben

181

»dreihundert Millionen Menschen mit dem ewig gleichen Gesicht«;[27] sie essen die gleiche Kohlsuppe, tragen die gleichen Kittel, werden vom Teleschirm frühmorgens zur gleichen Zeit geweckt, verharren in der gleichen vorgeschriebenen Gedankenwelt. George Orwell entwirft in seinem Roman einen medientechnisch optimierten Totalitarismus faschistischer oder stalinistischer Prägung. Aber genau diese nach dem Zweiten Weltkrieg naheliegende (und in den 1980er Jahren noch wirksame) Schreckensvision ist nicht eingetroffen. Ubiquitäre Erfassung steht am Anfang des 21. Jahrhunderts nicht mehr für aufgezwungenen, sondern für freiwilligen Medieneinsatz; das Gebot der Uniformität wurde vom Gebot individueller Selbstverwirklichung ersetzt. Wenn es von den Teleschirmen in *1984* heißt, sie seien »empfindlich genug, den Herzschlag zu registrieren«, dann nehmen die Wearables und Smartwatches von heute genau diese Aufgabe wahr, allerdings aus einer kollektiven Lust an der Selbstquantifizierung heraus. Als Emblem des verdateten Lebens gilt in Orwells Roman das fahle, gleichgeschaltete, von ständiger Überwachung zermürbte Parteimitglied. Wer wäre der Winston Smith der digitalen Kultur? Der junge Mann am Cafétisch, der sich seit Minuten selbst fotografiert, in der bekannten Körperhaltung mit ausgestrecktem rechten Arm und quergelegtem Kopf, und diese Fotos mit raschen Handgriffen zur Instagram-Story ordnet, um seine Follower mit neuen Bildern zu versorgen? Der Jogger im Park mit Tracking-Stick im Schuh und Fitbit-Armband, der seine Laufstrecke und Herzfrequenz anschließend für die Community hochladen wird?

Verdatungsprozesse heute zehren Identität nicht mehr

182

aus, sondern bestimmen ihre Gestaltung und Repräsentation. In Orwells Roman gehört es zu den Methoden des despotischen Regimes, den Menschen alle persönlichen Erinnerungen zu versagen; auf das Führen eines Tagebuchs steht die Todesstrafe. Ohne Vergegenwärtigung der eigenen Biographie, so wird über Winston Smith gesagt, »verlor sogar der eigene Lebenslauf seine scharfe Kontur«.[28] Das Erinnerungsverbot zu umgehen, die eigenen Eindrücke handschriftlich festzuhalten, ist für ihn eine Form des inneren Widerstands, genauso wie die Begegnungen mit seiner Geliebten Julia; weil Fortpflanzung bei Parteimitgliedern nur auf dem Weg der künstlichen Befruchtung erfolgen darf, gilt sexuelle Begierde in Ozeanien bereits als ›Gedankendelikt‹. Der vollzogene Liebesakt schließlich ist die unmittelbarste Möglichkeit des Aufbegehrens: »Ihre Umarmung war eine Schlacht gewesen«, heißt es einmal über Winston und Julia, »der Orgasmus ein Sieg. Es war ein gegen die Partei geführter Schlag«[29] – eine untrennbare Verquickung von sexueller und politischer Befreiung, die zur Popularität des Romans nach 1968 sicher beitrug. Grundsätzlich bedeutet Subversion bei Orwell immer, Refugien zu finden, an die der Medienverbund aus Teleschirmen und Mikrophonen nicht heranreicht. Die Sphäre der Humanität ist für die Ethik des Romans die Sphäre des Nichterfassten, des Nichterfassbaren. Nach einer der (vermeintlich) geheimen Liebesbegegnungen mit Julia sagt Winston emphatisch: »Dein Innerstes bekommen sie nicht zu fassen. Wenn du *fühlst*, daß es sich lohnt, Mensch zu bleiben, auch wenn damit absolut nichts zu erreichen ist, dann hast du sie besiegt.« Und über die Spitzel der inneren Partei heißt es: »Sie konnten bis ins letzte Detail alles offenlegen, was man je getan, gesagt oder gedacht hatte; doch das Innerste eines Menschen, dessen Regungen sogar für einen selbst geheimnisvoll waren, blieb uneinnehmbar.«[30] Der Einzelne vermag nur in Bereichen jenseits der elektronischen Datenerfassung seine menschliche Würde zu erhalten: ein Credo, ein Axiom des Humanen, das sich auch die Volkszählungsgegner 35 Jahre später noch zu eigen machen. In den maßgeblichen Programmen der digitalen Kultur heute, in den Lehren des Quantified Self wie im Mantra des Sharings, ist diese Opposition aufgelöst. Der Kern des Menschlichen ist das, was an ihm verdatet und medial kommuniziert werden kann. Das Ich: ein Profil.

Die Schreckensvisionen des Romans *1984* hingegen haben in der Populärkultur des 21. Jahrhunderts als ironisch gewendete Schlagwörter und Spielformen überlebt. *Big Brother* steht seit der holländischen Erstausstrahlung 1999 und der Premiere im deutschen Fernsehen ein Jahr später bekanntlich für eine Überwachungsshow, zu der sich pro Staffel Zehntausende Kandidaten bewerben (auch wenn die öffentliche Aufmerksamkeit inzwischen derart nachgelassen hat, dass die Bewohner des Containers nahezu unbemerkt vor sich hin vegetieren, vergessen wie Kafkas Hungerkünstler in einer abgelegenen Ecke des Jahrmarkts). Eine andere Orwell-Referenz betrifft das Ende des Romans, die berüchtigten Folterexzesse der Partei im Zimmer 101 des ›Ministeriums für Liebe‹, die alle Bewohner Ozeaniens fürchten und die Winston Smith nach seiner Denunziation tatsächlich über sich ergehen lassen muss. »In Zimmer 101 erwartet einen das Schrecklichste von der Welt«, sagt O'Brien, der

mysteriöse Parteiobere, als ihm Winston in dem Folter-
raum vorgeführt wird. »Das Schrecklichste von der Welt
variiert natürlich von Person zu Person. Es kann das Le-
bendig-begraben-Werden sein oder der Tod durch Feuer,
durch Ertrinken, durch Pfählung oder fünfzig andere To-
desarten. Es gibt Fälle, da ist es etwas ganz Triviales, nicht
einmal Tödliches.« Eine Wache kommt in das Zimmer
hinein, mit einer »Art Behälter oder Korb«, um Winstons
Tortur vorzubereiten. »Es war ein länglicher Drahtkäfig
mit einem oben angebrachten Tragegriff. An der Vorder-
seite war so etwas wie eine Fechtmaske befestigt, deren
konkave Seite nach außen wies. Obwohl der Käfig drei
oder vier Meter von ihm entfernt stand, konnte er sehen,
daß er der Länge nach in zwei Fächer eingeteilt war und
daß in jedem ein Tier saß. Ratten. [...] ›Das können Sie
nicht machen‹, schrie er mit schriller, sich überschlagen-
der Stimme. ›Niemals! Nein!‹« O'Brien beginnt die Fol-
terapparatur in Gang zu setzen, fixiert den Delinquenten,
setzt ihm die mit breiten Schlitzen versehene Maske auf
und rückt den Käfig unmittelbar an ihn heran. »Erneut
übermannte ihn Panik. Er war blind, hilflos, hirnlos ...«[31]
Es ist nicht überliefert, ob die Erfinder der erfolgreichen
Fernsehsendung *Ich bin ein Star – Holt mich hier raus!* die
Szene im vorletzten Kapitel von *1984* kannten, als sie die
Choreographie ihrer ›Dschungelprüfungen‹ formten, die
von Staffel zu Staffel raffinierter gestalteten Glaskästen,
in die der Kopf oder der ganze Körper des ausgewählten
Kandidaten gespannt und die dann mit Ratten, Mäusen
und Insekten aufgefüllt werden. Die Ähnlichkeit der Konstruktion ist frappierend, und wo sich Winston Smith in
letzter Sekunde vom tatsächlichen Kontakt mit den Tie-

ren rettet, indem er seine Geliebte Julia verrät, harren die Dschungelstars bekanntlich aus, stellen sich der Herausforderung, präsentieren bei der Rückkehr ins Camp stolz ihre gesammelten Sterne, die den Insassen besseres Essen und Trinken sichern. Im Zimmer 101 verbreitet diese Maschinerie, wie O'Brien sagt, die gleiche letale Bedrohung wie Pfählung oder Ertränken, und ihr Opfer, Winston Smith, hat die Prozedur, wie das letzte Romankapitel vorführt, zwar physisch überlebt, aber sein Emanzipationswille, seine innere Existenz ist vollständig erloschen. Die Zuschauer von *Ich bin ein Star ...* hingegen nehmen die Bilder der von Ratten übersäten Köpfe in den Glaskästen im 15. Jahr der Show längst in aller Routine auf, und die auf Trash-TV spezialisierten Journalisten diskutieren, ob die aktuelle Staffel endlich wieder mehr Unterhaltung verspricht als in den Jahren davor.

Brandmarkung und Selbstdesign

In vielfältiger Weise wirken despotische Bemächtigungsformen heute als Ausdrucksweisen von Subjektivität: ein Wandel, den die vorangegangenen Kapitel anhand verschiedener Konstellationen beschrieben haben. Das ›Profil‹ ist von einem Instrument der Disziplinierung zu einem Verfahren der Selbstdarstellung geworden. Technologien der Ortung von Individuen, bis vor knapp zehn Jahren vorwiegend im Kontext der Polizei und Strafjustiz bekannt, erscheinen heute als unerlässliche Voraussetzung für geschäftliche Transaktionen, Gesellschaftsspiele oder die Anbahnung von Liebesbeziehungen. Die Vermessung des Körpers schließlich, in der Geschichte der Humanwissenschaften ebenfalls vom Willen zur Registrierung abweichender Subjekte angetrieben, verspricht in Gestalt der ›Wearables‹ und ›Health-Apps‹ eine selbstbestimmte, souveräne Existenz. All diese Methoden des Self-Trackings haben der Praxis der ›Erfassung‹, vor dreißig Jahren noch Anlass kollektiven Aufbegehrens, ihren Schrecken genommen. Es ist keine autoritäre, undurchschaubare Instanz mehr, die Daten über die Biographien, Positionen und Körperäußerungen der einzelnen Menschen sammelt; Erfasser und Erfasste fallen vielmehr in eins und treiben jene ›flüchtige Überwachung‹ voran, die Zygmunt Bauman und David Lyon vor einigen Jahren als eine Signatur der Gegenwart beschrieben haben.[32] Zweifellos, die digitale Kultur lässt ihren Zeitgenossen weiterhin die Wahl, Entscheidungen zu treffen. Im Unterschied zu einer Welt, wie sie literarische Dystopien im 20. Jahrhundert beschrieben oder tatsächliche Schreckensregimes geprägt haben, bleibt den Menschen die Freiheit, keine Social-Media-Profile anzulegen, die ›standortbezogenen Dienste‹ auf dem Smartphone auszuschalten oder gar nicht erst ein Smartphone zu benutzen (auch wenn sie sich mit dieser Verweigerung aus immer größeren Bereichen der Kommunikation und Handlungsfähigkeit ausschließen). Und auch wer den Angeboten der neuesten Medientechnologien folgen will, kann sich, wie alternative Softwareprodukte oder Initiativen von Digitalaktivisten zeigen, mit größter Wachsamkeit den von den Großkonzernen vorgegebenen Pfaden der Erfassung, Identifizierung und Ortung zu entziehen versuchen. Das von den New Yorker Medienwissenschaftlern Helen Nissenbaum und Finn Brunton 2015 veröffentlichte Buch *Obfuscation* etwa gibt einen exzellenten Einblick in diese titelgebenden Strategien der ›Verschleierung‹ persönlicher Daten.[33] Doch angesichts der elementaren historischen Verschiebungen, die sich im Verhältnis von Subjektbildung und Erfassungstechniken im letzten Vierteljahrhundert ergeben haben, geraten diese Optionen in den Hintergrund. Sogar die Enthüllungen Edward Snowdens von 2013, die anschaulich belegten, dass Regierungen und Geheimdienste heute über ein bislang ungekanntes Maß an persönlichen Daten ihrer Bürger verfügen, riefen in der öffentlichen Debatte ein überraschend kurzes und indifferentes Echo hervor. Mit den weltumspannenden Narrativen des ›Sozialen‹ und des ›Teilens‹ kann dieses Wissen nicht konkurrieren. Es gehört zu den Paradoxien der digitalen Kultur, dass in einer Zeit der umfassenden Fremdsteuerung persönlicher Daten die Rhetorik der Selbststeuerung ihre größten Erfolge feiert.

Und dieser Gestus der Autonomie ist nicht nur an datengeleitete Formen von Subjektbildung gebunden, sondern schließt die unmittelbare physische Erscheinung der Menschen mit ein. Denn ähnlich wie die Karriere des ›Profil‹-Formats in der digitalen Kultur steht auch die Präsentation des eigenen Körpers, die persönliche Gestaltung seiner Oberfläche, seit etwa zwanzig Jahren im Zeichen einer Technik, die lange Zeit zur Stigmatisierung von Individuen bestimmt war. Die Rede ist von der erstaunlichen Erfolgsgeschichte der Tätowierung. Unter diesem Stichwort heißt es noch in einem Kriminalistik-Lexikon aus dem Jahr 1984: »Tätowierungen sind häufig zu finden bei Seeleuten, Soldaten, Arbeitern und Strafgefangenen.

Insbesondere in Hafenstädten gibt es spezielle Tätowiersalons. […] Kriminalistisch sind Tätowierungen von Interesse in erster Linie als Identifizierungsmerkmal bei Personenbeschreibungen; zum anderen lassen sie häufig Rückschlüsse auf Herkunft und soziale Umwelt des Tätowierten zu.«[34]

In der Geschichte der Verbrechensbekämpfung kamen der Tätowierung verschiedenartige Funktionen zu. Bis ins späte 18. Jahrhundert hinein hatte sie in Europa tatsächlich den Status einer Brandmarkung; verurteilte Verbrecher wurden mit einem Schandmal gezeichnet, wie etwa der Lilie auf Lady Winters Schulter in Dumas' Roman *Die drei Musketiere*. Diese Strafpraxis bricht in Europa in den Reformjahrzehnten um 1800 ab. Die Aussagekraft des tätowierten Verbrecherkörpers kehrt aber mit den Anfängen der Kriminalanthropologie Mitte des 19. Jahrhunderts zurück. Nun sind es nicht mehr die von der Staatsgewalt eingebrannten Zeichen, die ihre Bedeutung entfalten, sondern die von den Straftätern selbst gestochenen Motive. Cesare Lombroso etwa, der in seiner Zeit als Gerichtsarzt ab den 1870er Jahren die Tätowierungen von über 7000 Inhaftierten untersucht haben soll,[35] kommt in seinem feinmaschigen Klassifikationssystem immer wieder auf die Hautverzierungen zu sprechen; er ordnet bestimmte Muster bestimmten Verbrechertypen zu und begründet die Häufigkeit von tätowierten Straftätern mit dem verminderten Schmerzempfinden dieses atavistischen Menschentyps sowie mit der Langeweile im Gefängnis. Hans Gross setzt diese Diskussion in seinem *Handbuch für Untersuchungsrichter* fort. Man brauche zwar nicht, schreibt er, »soweit zu gehen« wie Lombroso und seine Nachfolger, die »das Tätowieren geradezu als charakteristisch für Verbrecher bezeichnet haben«. Aber Gross stimmt der kriminalanthropologischen Schule zumindest darin zu, dass sich diese »rohe Toilettierung des Körpers« fast nur bei »Leuten, sagen wir: energischer Berufswahl findet [...], also zumeist bei Matrosen, Soldaten, Fleischern, Flössern, Fischern, Holzknechten, Schmieden usw.«. Als Grund für diese Häufung verweist Hans Gross nicht auf angeborene Unempfindlichkeit, sondern stellt das »Sexuell-sinnliche solcher Naturen« in den Vordergrund. »Daher kommt es auch, daß man bei uns Tätowierungen unter Personen weiblichen Geschlechts fast nur bei Prostituierten findet.« Für die kriminalistische Orientierung bedeuten diese Einsichten schließlich, dass Tätowierungen bei Verbrechern »ebenfalls hauptsächlich bei energischen Naturen: Mördern, Totschlägern, Einbrechern usw., dann aber auch bei absonderlich sinnlichen Leuten: Zuhältern, Päderasten, Notzüchtlern und Schändern, selten aber bei Betrügern, Einschleichern usw.« festzustellen sind.[36]

Die Tätowierung als gewaltsam appliziertes Schandzeichen ist am Ende des 19. Jahrhunderts längst verworfen. Alphonse Bertillon lehnt die Frage, warum er seinem anthropometrischen System nicht ein solches gerichtlich verordnetes Erkennungsmal aller Pariser Straftäter hinzufüge, mit den Worten ab: »Diese Massregel gleiche zu sehr einer verdeckten Wiedereinführung der Brandmarkung und ich weise diese Zumuthung entschieden zurück.«[37] Mit Ausnahme der eintätowierten Häftlingsnummern im Konzentrationslager von Auschwitz kehrt diese Praxis im Europa des 20. Jahrhunderts auch nicht mehr wieder. Die Kriminalisten bewahren jedoch ihr Interesse an den Motiven auf der Haut der Verbrecher, wie der Lexikonbeitrag von 1984 zeigt. Wenige Jahre nach diesem Artikel, im Anschluss an die Ära der Brandmarkung und der Klassifikation, beginnt die dritte Epoche in der europäischen Geschichte der Tätowierung, ihr Übergang vom bedeutungsgesättigten Zeichen zum rein ästhetischen Element des Selbstdesigns. Nun ist es nicht mehr der Verbrecher oder die Prostituierte, der Päderast, Notzüchtler oder Schänder, der untilgbare Schriftzüge und Muster auf der Haut trägt, sondern jedermann, an jedem Ort: die Sekretärin im Büro, der Profifußballer im Stadion, der Familienvater im Freibad. Tätowierungen haben nur noch schmückende Bedeutung; sie verweisen nicht mehr auf eine deviante Biographie, lassen nicht mehr, wie noch vor dreißig Jahren, »Rückschlüsse auf Herkunft und soziale Umwelt« zu.

In manchen Kontexten allerdings sollen die freiwillig erstellten Verzierungen weiterhin eine bestimmte Zugehörigkeit, eine bestimmte Identität markieren. Der Sportartikelhersteller Nike etwa bittet seit Mitte der 1990er Jahre seine ständigen Mitarbeiter in den Flagstores, sich an einer sichtbaren Stelle des Körpers einen kleinen ›Swoosh‹ zu tätowieren, das Logo des Unternehmens – nicht unter Zwang, nicht als Einstellungskriterium, aber als wünschenswertes Symbol ihrer Identifikation mit der Marke.[38] In dieser Aufforderung, in dieser, mit Bertillon gesprochen, »verdeckten Wiedereinführung der Brandmarkung« zeigt sich die Transformation, die das Buch nachzuzeichnen versucht hat: Erzwungene Verfahren der Erfassung haben sich in freiwillige Selbststilisierungen verwandelt, die Knebelungen der Polizei und Strafjustiz kehren wieder im losen, heiteren Gewand des Marketings.

191

5. Die Macht der Verinnerlichung

Alles, was auf den vorstehenden Seiten über die Herkunft der Selbstdarstellungs- und Selbsterkenntnistechniken in der digitalen Kultur gesagt wurde, könnte mit einem einzigen Wort relativiert werden: Die Nutzer der Sozialen Medien, Lokalisierungsdienste oder ›Wearables‹ tun dies *freiwillig*, genau im Gegensatz zu den profilierten, georteten und vermessenen Straftätern und Patienten im späten 19. und 20. Jahrhundert. Aber was bedeutet die Kategorie der ›Freiwilligkeit‹ für den gegenwärtigen Status von Subjektivität genau? Sind die aus eigenem Antrieb getroffenen Entscheidungen und Maßnahmen als Emanzipationsakt gegenüber vorgegebenen und aufgezwungenen Verhaltensweisen zu begreifen? Oder heißt ›Freiwilligkeit‹ nicht auch, dass der Einzelne diese Vorgaben bereits in vorausschauender Selbstproblematisierung von sich aus befolgt?

Zweifellos gehört es zu den auffälligsten Kennzeichen der Gegenwart, dass Prozesse der Normierung und Regulierung von Menschen, die bis vor wenigen Jahrzehnten von einer staatlichen, wissenschaftlichen oder polizeilichen Instanz gesteuert worden sind, nun auf die betreffenden Individuen übergehen. Diese Entwicklung zeigt sich nicht nur im Bereich der Zirkulation persönlicher Daten, sondern auch in anderen Kontexten. Auf dem Gebiet der Reproduktionsmedizin etwa haben Verfahren der Pränatal- und Präimplantationsdiagnostik, die Föten im Mutterleib oder wenige Tage alte, außerhalb des Körpers befruchtete Embryonen einer Untersuchung auf Unregelmäßigkeiten und Gendefekte unterziehen, dazu geführt, dass kaum noch Kinder mit bestimmten Krankheiten wie Trisomie 21 oder Mukoviszidose geboren werden. Auf diese Weise löst die freie, individuelle Entscheidung der Paare, den Empfehlungen der Ärzte und Genetiker zu folgen, jene eugenisch motivierten Programme ein, die sich autoritäre Staaten in der ersten Hälfte des 20. Jahrhunderts gegeben haben. Alfred Ploetz, einer der Begründer der ›Rassenhygiene‹ in Deutschland, empfahl 1895 zum ersten Mal das »Ausmerzen von Neugeborenen«, um das kollektive Erbgut auf einen eugenisch wünschenswerten Stand zu bringen. Im Nationalsozialismus dienten diese Ideen bekanntlich der wissenschaftlichen Legitimierung der Gesundheitspolitik. Heute ist der Akt des Ausmerzens auf diskrete und effiziente Weise vorverlegt worden, in das früheste Existenzstadium der künftigen Menschen, im Mutterleib oder sogar vor der Einnistung in die Gebärmutter. Die Motivation beider Handlungen unterscheidet sich fundamental – einmal geht es um das Erbgut einer Population, einmal um das Lebensglück einer Familie –, doch ihre Konsequenz bleibt dieselbe: Sowohl Ploetz' Vorschlag, einem »schwächlichen oder missgestalteten Kind« einen »sanften Tod« zu bereiten, »sagen wir durch eine kleine Dosis Morphium«,[1] als auch die Ziele der Pränatal- oder Präimplantationstechniken besagen, dass das vom Erbgut übermäßig geschädigte Leben eines Menschen beseitigt werden solle.

Auch die Eingriffe am Ende der menschlichen Existenz haben sich in den letzten Jahrzehnten auf ähnliche Weise verschoben wie die Regulierungen ihres Anfangs. Ungefähr zur selben Zeit, in der sich in Deutschland die ›Rassenhygiene‹ etabliert, entsteht auch eine Debatte um die ›Freigabe der Vernichtung unwerten Lebens‹, unter diesem Titel zum ersten Mal 1920 in dem Buch von Karl Binding und Alfred Hoche geführt. Der Jurist und der Psychiater empfehlen darin die systematische Tötung jener »Ballastexistenzen«, die sie in unheilbar Kranken, dauerhaft Bewusstlosen und »Blödsinnigen«[2] erkennen, aus volkswirtschaftlichen und bevölkerungspolitischen Gründen: ein Akt der ›Euthanasie‹, den die Nationalsozialisten dann in entfesselter Weise in die Tat umgesetzt haben. Seit dem Ende des Zweiten Weltkriegs ist diese Verknüpfung zwischen der medizinisch assistierten Tötung Kranker und der Sorge um die Population diskreditiert. Dennoch kehrt die Bereitschaft in Deutschland, Menschen unter bestimmten Voraussetzungen Sterbehilfe zu gewähren – nach einem absoluten Tabu zwischen den 1950er und 1980er Jahren –, im letzten Vierteljahrhundert wieder zurück. Unter dem Leitbegriff des ›Patientenwillens‹ geht es nun aber ausschließlich um das Schicksal des einzelnen Kranken, so wie die Verfahren der Pränatal- und Präimplantationsdiagnostik nur die einzelne Familie im Blick haben. Die Verbindlichkeit der ›Patientenverfügung‹ wird 2009 gesetzlich verankert; seither ist passive Sterbehilfe, das Abbrechen lebenserhaltender Maßnahmen bei nicht mehr ansprechbaren Kranken, erlaubt. Aktivere Formen der Beihilfe zum Suizid werden in den Entwürfen zu einem deutschen Sterbehilfegesetz seit über einem Jahrzehnt immer wieder diskutiert. Befürworter einer Liberalisierung des Gesetzes argumentieren mit dem individuellen Recht auf einen ›würdevollen‹ Tod – selbstbestimmt, ohne das Alter in Pflegebedürftigkeit und Verwirrung ertragen zu müssen. Die frühere Souveränität des Staates, volkswirtschaftlich wertloses Leben zu vernichten, soll also der Souveränität des Subjekts weichen, das eigene Leben durch medizinische Assistenz zu beenden. Die Frage bleibt aber, inwiefern diese Entwicklung als kategorische Wende und inwiefern als Kontinuum aufzufassen ist. Denn beide Modelle sehen eine Abschaffung von Leben vor, das sich nicht mehr zu leben lohnt.

Was sich in den Biowissenschaften als Übergang von bevölkerungspolitischen Eingriffen zur Wahlfreiheit des Einzelnen äußert (auch die Neuausrichtung der Genetik in der zweiten Hälfte des 20. Jahrhunderts, von der populations- zur individualorientierten Wissenschaft, folgt dieser Tendenz), gilt genauso für die hier beschriebenen Selbsttechnologien der digitalen Kultur. Die Erzeugung von Daten einzelner Menschen – über ihre Biographie, ihren Standort im Raum, ihren körperlichen Zustand – war aufgrund des technischen Aufwands und der Legitimationsprobleme bis ins späte 20. Jahrhundert hinein den polizeilichen oder wissenschaftlichen Autoritäten in einer Ausnahmesituation vorbehalten. Nur wenn eine Fahndung, eine Investigation, eine Anamnese die Kosten und juristischen Mühen notwendig machten, wurde ein Individuum zum Gegenstand der Erfassung; und der Widerstand gegen die ersten kollektiven Erfassungsmaßnahmen des Computerzeitalters, wie etwa der Volkszählungen 1983 und 1987, geschah aus der Besorgnis heraus, die elektronische Speicherung persönlicher Daten wäre bereits gleichbedeutend mit der Produktion von Delinquenz.

Heute, unter den Bedingungen gegenwärtiger Medientechnologie, ist die Erhebung und Weitergabe persönlicher Daten nicht mehr an Krisensituationen gebunden. Einerseits hinterlassen die Menschen bei jeder Kreditkartennutzung, jeder Online-Recherche beiläufig Spuren über ihre Identität und ihren Aufenthaltsort; andererseits hat sich eine allgemeine Sehnsucht nach Selbsterfassung, Selbstortung und Selbstvermessung herausgebildet, die der biopolitischen Tendenz zur Selbsteugenik nahesteht. Aber was genau sagen diese Neigungen über die Disposition unserer Gegenwart aus? Welche Funktionen und Effekte hat die freiwillige Übernahme solcher Regulierungsprozesse? In der Geschichte der modernen Machttechniken lassen sich, wenn man ihren vielleicht bedeutendsten Theoretikern folgt, zwei große Epochen ausmachen. Michel Foucault sprach von der ›Disziplinarmacht‹, die die Individuen seit dem 18. Jahrhundert in den Räumen neuentstehender Institutionen einschloss und anordnete, in Schulen, Kasernen, Fabriken, Krankenhäusern, Gefängnissen. Diese Epoche der Disziplinarmacht hat sich, wie Gilles Deleuze in seinem berühmten *Postskriptum über die Kontrollgesellschaften* von 1990 betont, im Lauf des 20. Jahrhunderts zunehmend aufgelöst. »Wir befinden uns in einer Krise aller Einschließungsmilieus«, schreibt er und setzt »die ultra-schnellen Kontrollformen mit freiheitlichem Aussehen« an die Stelle der früheren Räume der Disziplin, die flexiblen, offenen »Unternehmen« an die Stelle der Fabrik, die »lebenslange Weiterbildung« an die

Stelle der Schule. Aber auch dieser so hellsichtige Aufsatz ist inzwischen mehr als 25 Jahre alt, verfasst zu einer Zeit, in der sich das neue Menschenbild der digitalen Kultur und der Bio- und Neurowissenschaften noch nicht geformt hatte. Wenn Deleuze schreibt: »Man braucht keine Science-Fiction, um sich einen Kontrollmechanismus vorzustellen, der in jedem Moment die Position eines Elements in einem offenen Milieu angibt, Tier in einem Reservat, Mensch in einem Unternehmen (elektronisches Halsband)«,[3] dann ist dieses Szenario immer noch von einer herrschaftlichen Geste bestimmt, die von oben nach unten ergeht. Im späten 20. Jahrhundert waren vielleicht keine Kerker und Fabriken mit Stechkarten mehr notwendig, um abweichende oder abhängige Menschen zu regulieren, aber auch mobile Kontrollmechanismen, wie etwa der Peilsender oder die Fußfessel gezeigt haben, zeugten weiterhin von Zwang und Autorität.

Das elektronische Halsband der Gegenwart dagegen ist ein Produkt der ›Wearables‹-Industrie, ein Armband oder eine Smartwatch des Unternehmens Fitbit zum Beispiel, das sich auf seiner Website selbst das Motto gegeben hat: »Wir sind der Ansicht, dass Menschen ihre Ziele eher erreichen, wenn sie dabei Spaß haben, lächeln und ihr Leben selbst in die Hand nehmen.« Und das neue Versicherungsprogramm ›Generali Vitality‹, das sich über die Datenerfassung eines Fitness-Armbands organisiert, beschreibt seine »Philosophie« mit den Worten: »Das ist uns wichtig: Ein Partner zu sein, der Sie dazu begeistert, aktiver zu leben und bewusster zu essen. Ganz ohne Druck und einfach, weil Sie es wollen.«[4] Von der Disziplinarmacht des 18. und 19. über die Kontrollmacht des 20. scheint der Weg seit der Wende zum 21. Jahrhundert also zu einer dritten Ausprägung geführt zu haben, die man Präventionsmacht nennen könnte oder Internalisierungsmacht. Sie sorgt dafür, dass Archive der Erfassung oder Normvorstellungen des Lebens nicht mehr von einer äußeren Instanz durchgesetzt werden müssen, sondern bereits kollektiv verinnerlicht sind. Ein Profil anlegen! Den eigenen Standort mitteilen! Gläsern werden! Behinderte Kinder entsorgen! Imperative, die sich inzwischen von selbst verstehen, die sich von Weisungen in Wünsche verwandelt haben.

Wettbewerbliche Individualität

Die allgemeine Bereitschaft, jederzeit sichtbar und quantifizierbar zu sein, bringt Präsentationsformen des Selbst hervor, die sich an der Anpreisung von Produkten orientieren. Dass die Lehren kriminalistischer Erfassung vom Marketing aufgegriffen werden, hat die Geschichte des ›Profil‹-Begriffs deutlich gemacht: Methoden zur Identifikation von Tätern, vom FBI Ende der siebziger Jahre ausgearbeitet, werden heute zur Identifikation von Konsumenten genutzt. Charakteristisch für die digitale Kultur ist aber, dass diese Verfahren nicht allein von Konzernen oder Agenturen auf potentielle Kunden appliziert werden; es besteht vielmehr eine ausgeprägte Bereitschaft zum Eigenmarketing. Die Nutzer der Sozialen Medien, schreibt Zygmunt Bauman, sind »Werber und beworbenes Produkt zugleich«,[5] so wie in den ›Profilen‹ Autor und Gegenstand in eins fallen. Bis vor 25 Jahren war diese Verdoppelung kaum möglich: Für die allermeisten Menschen existierte, wie eingangs erwähnt, schlicht keine Plattform, sich öffentlich darzustellen, und auch jene, die etwa als Urheber kultureller Erzeugnisse in der Öffentlichkeit stehen wollten, lagerten die Werbung für sich und die von ihnen hergestellten Dinge gewöhnlich aus. Diese Teilung ist im Zuge des neuen Mediensystems aufgehoben. Fast alle Autoren, Filmemacher oder Musiker, die heute etwas Neues publizieren, errichten auf ihren Profilen eine kleine Vermarktungsagentur ihrer selbst und versorgen die Freunde und Follower in den Wochen des Erscheinungstermins mit einer Fülle von Produkthinweisen. Auf all dies zu verzichten, die Trennung von Urheberschaft und PR-Tätigkeit beizubehalten, gilt inzwischen als exotische Position.

Der marketingstrategische Zugang zum eigenen Selbst erzeugt keinen Riss mehr im zeitgenössischen Menschenbild. Georg Lukács' Diagnose der »Verdinglichung«[6] sozialer Verhältnisse, für die politisch-ökonomische Kritik in der zweiten Hälfte des 20. Jahrhunderts zentral, ist unter diesen Bedingungen zu einer rätselhaften Kategorie geworden. Sogar in den Volkszählungsurteilen des Bundesverfassungsgerichts war Lukács' Begriff noch als Spur erkennbar, im ausgesprochenen Verbot, »den Menschen zwangsweise in seiner ganzen Persönlichkeit zu registrieren [...] und ihn damit wie eine Sache zu behandeln«, sowie der verfassungsrechtlichen Weisung, dass »dem Einzelnen um der freien und selbstverantwortlichen Entfaltung seiner Persönlichkeit willen ein ›Innenraum‹ verbleiben muß«.[7] Dieser Konnex zwischen »freier Entfaltung« und geschütztem »Innenraum« existiert in der digitalen Kultur nicht mehr; die Entfaltung des Selbst ist vielmehr an permanente mediale Repräsentationen gebunden. Die eigene Person wird als öffentlich zirkulierendes Abbild verstanden, dessen Attraktivität und Wert in einem kontinuierlichen Prozess bestätigt und zurückgespielt werden muss.

Kennzeichen dieses Handels ist die Selbstverständlichkeit, mit der Formen der Bewertung und des Ratings in aktuelle Kommunikationsweisen eingebunden sind. Auf Youtube haben auch die jüngsten Gamer die Praxis verinnerlicht, jedes selbstgestaltete Video mit dem Hinweis an die Zuschauer zu beenden, den Kanal doch »zu liken, wenn es euch gefallen hat«. Die Hoffnung, mit der man nach einem eigenen Posting in den Sozialen Medien alle paar Minuten die Ziffer neben dem grauen Herzen oder dem Kreis mit dem blauen Daumen kontrolliert, ist bekannt. Doch das allgemeine Evaluierungsgebot prägt nicht nur die Rede- und Verhaltensweisen; es ist bereits in die maschinellen Abläufe der Programme und Dienste integriert, als notwendiger Bestandteil der Transaktionen. Bei Uber etwa lässt sich eine Buchung gar nicht abschließen ohne das finale Rating des Fahrers im System der fünf Sterne; das Bewerten der anderen Person vollzieht sich also nicht mehr nach einem persönlichen Entschluss, sondern infolge der technischen Voreinstellungen.

Der Soziologe Oliver Nachtwey hat in seinem eindringlichen Buch *Die Abstiegsgesellschaft* vor kurzem von der »wettbewerblichen Individualität« der Gegenwart gesprochen; in »nahezu allen gesellschaftlichen Bereichen – das ist die Signatur unserer Zeit – implementierte man Markt- und Wettbewerbsmechanismen«.[8] Die ständigen Evaluierungsmomente im sozialen Austausch sind hierfür ein deutliches Beispiel. Ihre Durchschlagskraft zeigt sich, ähnlich wie bei der spielerischen Umdeutung von Erfassungsängsten, auch in den Castingshows des Fernsehens. Seit *Big Brother* und *Popstars* im Jahr 2000 und *Deutschland sucht den Superstar* 2002 sind die zelebrierten, kunstvoll in die Länge gezogenen Entscheidungen, wer von den Kandidaten den Kreis verlassen muss, ein vertrautes Ritual. Heidi Klum zögert diese Selektion in ihrer Sendung *Germany's Next Topmodel*, wie man weiß, immer wieder genüsslich hinaus, unter Gebrauch von Finten und falschen Andeutungen; die in Nahaufnahme gefilmten Tränen der ausgeschiedenen Mädchen, Cumshots des Casting-Formats, bilden den Höhepunkt jeder Folge. Heute sind diese Entscheidungen Bestandteil unzähliger Realityshows, und der Überdruss an der ewig gleichen Dramaturgie verbirgt, dass die Inszenierung dieser Konkurrenzsituation immer noch ein sehr junges Phänomen ist. Bis zum Ende der 1990er Jahre gab es keine solchen Wettbewerbe im Fernsehen, und es ist bezeichnend, dass ihr Auftauchen genau mit der Entstehung der Überwachungsshows zusammenfällt. *Expedition Robinson* und *Big Brother* sind die ersten Sendungen, in denen eine Gruppe von Kandidaten sowohl unentwegt von der Kamera beobachtet als auch nach und nach per Juryvotum dezimiert wird: Totalerfassung und interne Konkurrenz – zunächst zwei grundverschiedene Kategorien – vereinen sich in diesem dichten Moment der Fernsehgeschichte, als gehörten sie immer schon zusammen. Die beiläufig vollzogene Synthese macht aber auf doppelte Weise darauf aufmerksam, dass sich der Quell kollektiv empfundener Bedrohung an der Wende zum 21. Jahrhundert verschoben hat: Es ist keine äußere Überwachungsinstanz mehr, die Angst verbreitet; auf die Fülle der versteckten Kameras und Mikrophone reagieren die Kandidaten nicht nur unbesorgt, sondern mit größter Affirmation. Was dagegen Panik auslöst, ist die Vorstellung, im Wettbewerb zu unterliegen, den Evaluationen nicht standzuhalten, ›rausgewählt‹ zu werden. Die Castingshows spielen in dieser Hinsicht Aussiebungsverfahren durch, die heute in jedem Assessmentcenter zur Anwendung kommen.

Der Wille zum Eigenmarketing ist daher nicht nur eine Konsequenz neuer Medientechnologie. Er wird zwar von den Formaten dieser Technologie verstärkt, aber die Notwendigkeit, das eigene Selbst fortwährend in Evaluierungslagen zu bringen, hat im letzten Vierteljahrhundert genauso mit ökonomischen Gründen zu tun, mit massiven Umstellungen im Aufbau von Unternehmen und auf dem Arbeitsmarkt, wie sie spätestens seit den 1980er Jahren in Westeuropa und den USA stattgefunden haben. Oliver Nachtwey unterzieht die Verdrängung konstanter Erwerbsbiographien durch eine brüchige Kette temporärer, einsatzbezogener Verträge am Beispiel der Bundesrepublik Deutschland einer präzisen Analyse. In seiner Studie bestimmt er die Figur des »Arbeitskraftunternehmers«, inmitten einer »netzwerkartigen, projektbasierten Unternehmensorganisation«, als »Leitbild moderner Subjektivität«, ähnlich wie es vor einiger Zeit Nikolas Rose und Ulrich Bröckling mit dem Begriff des ›entrepreneurial self‹ beziehungsweise des ›unternehmerischen Selbst‹ getan haben. In der regelmäßig wiederkehrenden Bewährungssituation des Projektmitarbeiters gehören Verfahren der Selbstdarstellung und der Evaluierung zu den unerlässlichen Maßnahmen: »Der moderne Kapitalismus«, so

Nachtwey, »funktioniert nicht ohne die Mitarbeit, ohne die freiwillige Teilhabe der Individuen.« Dass sich die Bewerbungsratgeber seit den 1990er Jahren auf das ›Profil‹ der Arbeitssuchenden fokussieren, wie im ersten Kapitel beschrieben, muss genau in diesem Zusammenhang verstanden werden. Denn das ›Profil‹ ist der unentwegt nachzuziehende Knotenpunkt der »wettbewerblichen Individualität«.[9] In dem Maße, in dem stabile Arbeitnehmerpositionen von befristeten, jedes Mal aufs Neue zu ergatternden Projektlaufzeiten abgelöst werden, erhöht sich die Notwendigkeit des sorgsam gepflegten ›Profils‹, das bei der nächsten Bewerbung, der nächsten Konkurrenz wieder den Ausschlag geben kann. (Im Feld der Universität etwa ist diese Mentalität inzwischen flächendeckend zu spüren. Seitdem die Lebenszeit-Professur oder die langfristige Assistenz zum Ausnahmefall akademischen Arbeitens geworden ist, fließt beträchtliche Energie der temporär Beschäftigten in die Mühe, ihr ›Forscherprofil‹ auf den Anträgen und Bewerbungen zu perfektionieren. Die Erfassung des Geleisteten, in der akademischen Generation zuvor ein lästiges, mehr schlecht als recht erfülltes Übel, wird für die dauerhaft Evaluierten und Begutachteten zur Hauptbeschäftigung, und der Strahlkraft des ›Profils‹ muss, aus guten karrierestrategischen Gründen, beinahe höheres Augenmerk zukommen als jenen Arbeiten, die es abbilden soll.)

Die Regierbarkeit des Selbst in der digitalen Kultur

Mechanismen der Verinnerlichung greifen also überall dort, wo Menschen durch Self-Tracking Normvorstellungen des Lebens festigen oder durch Pflege ihrer ›Profile‹ externe Erfassungsgebote von sich aus übernehmen. Diese Verfahren können die Autonomie des Subjekts stärken, indem sie es von zwischengeschalteten Instanzen emanzipieren, tragen aber andererseits zur vorauseilenden Erfüllung von Regulierungsmaßnahmen bei. Wirksam sind bei dieser Erfüllung vor allem zwei Vorstellungskomplexe, die sich auf der Schwelle zwischen Gegenwart und Zukunft bewegen: ›Risiko‹ und ›Vorsorge‹. Der Grund, warum mittlerweile so viele Menschen ein Fitness-Armband tragen, mit dem Smartphone ihre Körperströme überprüfen, eine ›verhaltensbasierte‹ Lebensversicherung abschließen oder das eigene Genom auf mögliche Erbkrankheiten analysieren lassen, ist das Bestreben, gesundheitliche Risiken im Modus der Vorsorge zu minimieren. Über die Dringlichkeit von Präventivmaßnahmen im Hinblick auf Sicherheit und Wohlbefinden herrscht inzwischen ein sozialer Konsens. Dieser steht in bemerkenswertem Gegensatz zu der immer größeren Akzeptanz von Abweichungen im ästhetischen Erscheinungsbild. Wer mit rotem Irokesenschnitt oder zutätowiertem Körper ins Büro kommt, fällt nicht weiter auf; aber ein Fahrradausflug ohne Helm, regelmäßiger Zigarettenkonsum oder die Indifferenz gegenüber der Darmkrebsvorsorge mit 45 ruft im Umfeld Kopfschütteln und offene Kritik hervor. Vor einem Vierteljahrhundert wäre es zu den entgegengesetzten Resonanzen gekommen.

Zu den Pionieren des Präventionswissens in den Humanwissenschaften gehören genau jene Disziplinen, die im Zusammenhang mit der Geschichte der Vermessungslehren eine Rolle spielten. Hugo Münsterberg schreibt zu Beginn des 20. Jahrhunderts, der Gedanke des »Vorbeugens« sei für die Psychotechnik zentral; in John Watsons Einführungsvorlesung von 1925 heißt es: »Es ist die Aufgabe der behavioristischen Psychologie, in der Lage zu sein, die menschliche Handlungsweise vorauszusagen und zu überwachen.« Es gehe darum, durch Experimente mit Probanden zu prognostizieren, »welche Reaktion auf einen gegebenen Reiz eintreten wird« – eine Analyse, die Norbert Wieners Kybernetik dann ab den 1940er Jahren, in regelmäßiger Allianz mit der behavioristischen Psychologie, verfeinert und in den Dienst des amerikanischen Militärs stellt. Auch die Anfänge der elektronischen Datenverarbeitung in der Kriminologie stehen im Zeichen der Prävention: Horst Herold bezeichnet die »Verbrechensvorbeugung« bereits 1968 als »eigentlich wichtigste, heute aber vernachlässigte Form der Verbrechensbekämpfung«; die von ihm angestrebte »nicht nur suchende und vergleichende, sondern auch forschende Datenverarbeitung« soll vor allem auch die systematische Verhinderung künftiger Straftaten zum Ziel haben.[10]

In der digitalen Kultur sind diese kybernetischen und polizeilichen Ausprägungen von Prävention unter den Stichwörtern ›Microprofiling‹ und ›Predictive Analytics‹ bekannt; die elektronische Durcharbeitung größter Datenmengen soll etwa die Vorhersage von Straftaten in prekären Stadtvierteln oder innerhalb einer verdächtigen Bevölkerungsgruppe auf zuverlässige Weise ermöglichen und Präventivmaßnahmen wie erhöhten Polizeischutz und gezielte Fahndungseinsätze organisieren. Vorbeugewissen steht in dieser Hinsicht weiterhin im Dienst der Steuerung und Kontrolle von Individuen durch übergeordnete Autoritäten, so wie es auch Münsterberg, Watson oder Herold vorsahen. Für den aktuellen Status von Subjektivität aber ist zentral, dass genau diese Präventionsmaßnahmen von den einzelnen Menschen freiwillig eingesetzt werden, zur Steuerung und Kontrolle ihrer selbst. Das ›Racial Profiling‹ der Polizei in Bahnhöfen und öffentlichen Verkehrsmitteln, das Personen mit bestimmten ethnischen Merkmalen aufgrund eines prädiktiven Verdachts ständiger Überwachung aussetzt, spiegelt sich in den selbstangelegten Profilen der Networker von LinkedIn, der GPS-Sender am Fuß des ›Gefährders‹ in den Fitness-Armbändern der Self-Tracker. Jene »Wechselwirkung von Herrschaftstechniken und Selbsttechniken«, die Michel Foucault in seinen Überlegungen zur Regierungskunst herausstellte, ist in der digitalen Kultur also besonders präsent. »Der Kontaktpunkt«, schreibt Foucault, »an dem die Form der Lenkung der Individuen durch andere mit der Weise ihrer Selbstführung verknüpft ist, kann nach meiner Auffassung Regierung genannt werden.« Für die ›Gouvernementalität‹ der Gegenwart bedeutet das, in den Worten von Thomas Lemke: »Regierung bezieht sich nicht in erster Linie auf die Unterdrückung von Subjektivität, sondern vor allem auf ihre ›(Selbst)-Produktion‹, oder genauer auf die Erfindung und Förderung von Selbsttechnologien, die an Regierungsziele gekoppelt werden können.«[11]

Profile, Ortungsdienste und Vermessungspraktiken sind mustergültige Elemente dieser Förderung. Sie stabili-

sieren eine politische Konstellation, in der, nach den Maß-
stäben Orwells und seiner Leser in den 1970er und 1980er
Jahren, totalitäre Erfassungsverfahren eingezogen sind, in
der es aber weitaus problematischer geworden ist, noch
ein Außerhalb, einen klaren Standort der Kritik zu finden.
Der Trost – oder die Inkonsequenz – des Romans *1984* bestand ja darin, dass er sowohl vom auftretenden Personal
als auch von seiner konventionellen Erzählperspektive her
eine klare Trennlinie zwischen Despotie und Freiheit, Lüge
und Wahrheit erlaubte. Der auktoriale Erzähler beschreibt
die Infrastrukturen der Staatsmacht distanziert, wird nicht
in ihr Labyrinth hineingezogen und errichtet allein durch
diese Orientierung ein Refugium der Vernunft und Kritik.
Zudem veranschaulicht die recht- und pflichtlose Klasse
der ›Proles‹, die 85 Prozent der Bevölkerung in Ozeanien
ausmacht, dass der größte Teil der Menschen in *1984*, wie
man leicht vergisst, jeder Kontrolle entzogen ist; in ihren
Behausungen gibt es nicht einmal Teleschirme. Orwells
Dystopie gesteht dieser sozialen Spreu einen ermutigen-
den Rest an Humanität zu: »Die Proles waren menschlich
geblieben. […] Wenn es eine Hoffnung gab, dann lag sie
bei den Proles.«[12] Wie verhält es sich in der digitalen Kultur der Gegenwart mit diesen Orten und Kollektiven des
Außen? Es ist ersichtlich, dass die Refugien, die selbst eine
so machtvoll nachwirkende Schreckensvision wie die George Orwells bereitgehalten hat, heute weniger deutlich zu
lokalisieren und zu personalisieren sind. In medientech-
nischer Hinsicht verschwindet das Jenseits der Erfassung
in dem Maße, in dem die allgemeine Lust an der Selbstverdatung voranschreitet. In den sozial- und wirtschafts-
politischen Debatten spielt die Kategorie der ›Klasse‹

spätestens seit 1989 eine untergeordnete Rolle, weil die maßgeblichen Reden von der Leistungsbereitschaft des Einzelnen, von seiner ›Motivation‹ und ›Leidenschaft‹ für die Verwirklichung der jedem offenen Erfolgsbiographie, das Augenmerk auf Klassenprägung und Klassensolidarität in den Hintergrund gedrängt hat.[13] Der despotische Überwachungsstaat, den in der Bundesrepublik Deutschland vor 35 Jahren viele kommen sahen, ist nicht entstanden; aber erschwert hat sich in der ›flüchtigen Moderne‹ zweifellos die Platzierung von Kritik, die Bestimmbarkeit eines Ziels. Die Volkszählungsgegner von 1983 und 1987 verübten Anschläge auf die Einwohnermeldeämter, in denen sie die Erhebungsbögen vermuteten. Die Cloud kann man nicht bombardieren.

Welche Kräfte haben im ausgehenden 20. Jahrhundert für diese Verinnerlichung von Regulierungsprozessen gesorgt? Als Michel Foucault Anfang der achtziger Jahre, unter dem Eindruck der ›New Economy‹ Reagans und Thatchers, den Begriff der ›Gouvernementalität‹ skizziert, beginnen sich zwei Konzepte in der westlichen Welt zu etablieren und einander anzunähern, die heute, unentwirrbar verbunden, das Bild vom Menschen prägen. Eines von ihnen stammt aus der Sphäre der politischen Ökonomie, das andere aus der Sphäre der Medientechnologie. Der neue Wirtschaftsliberalismus, der auch ehemals marktferne Sektoren wie das Soziale in die Logik des Ökonomischen einbezieht, führt einen Abbau von Wettbewerbssteuerung herbei, erfindet die Rhetorik der Leistung aus innerstem Antrieb und sorgt in Ländern wie England und wenig später in Deutschland für eine Schrumpfung dessen, was man ›Wohlfahrtsstaat‹ genannt hat. Die in Nordkalifornien anhebende Erfolgsgeschichte der digitalen Kultur wiederum sieht, wie Fred Turner gezeigt hat, im Gebrauch von privaten Computern und im Zusammenschluss zu ›Virtual Communities‹ ein Vehikel persönlicher Autonomie und Selbstermächtigung. Von zwei unterschiedlichen Seiten wird das Individuum im späten 20. Jahrhundert also bekräftigt, sich von den Einhegungen staatlicher Institutionen zu emanzipieren: Sowohl die neue Wirtschaftsmentalität als auch die Cyberspace-Utopien setzen auf Selbstregierung statt Fremdregierung, freien Wettbewerb statt übermäßiges staatliches Reglement, und ein Vokabular, das um 1968 zunächst von dezidiert linker politischer Seite kam – ›Eigenverantwortung‹, ›Selbstbestimmung‹, ›flache Hierarchien‹ –, hat sich in den netzwerkhaften Dotcom-Unternehmen und Start-ups seit Mitte der neunziger Jahre in die Lehren der New Economy eingefügt. Heute sind die Fugen dieses Zusammenschlusses kaum noch wahrzunehmen. Marktwirtschaft und kritisches Engagement, Profitstreben und vorbildliche Ethik gehen eine stolze Allianz ein. Ihre Galionsfigur ist der ›Social Entrepreneur‹, der die Verbindung von Sozialem und Ökonomischem schon im Namen trägt. Ihre Praxis ist die ›Sharing Economy‹, in der die vielleicht letzten Lebensbereiche, die dem Monetarisierungsimpuls entzogen waren – das eigene Bett, der eigene Kleiderschrank, der eigene Beifahrersitz –, zu einer lukrativen Einkommensquelle geworden sind.[14]

In einem der berühmtesten Werbespots der Geschichte, am 22. Januar 1984 während des ›Superbowl‹-Finales zum ersten Mal ausgestrahlt, präsentierte die Firma Apple der Öffentlichkeit ihren neuen ›Macintosh‹-Computer. Der

kurze Film stellt die Romanwelt Orwells dar, Scharen aus-
gezehrter, uniformierter Parteimitglieder auf dem tele-
schirmgesäumten Weg zu einer Ansprache des ›Großen
Bruders‹. »Die Vereinheitlichung unserer Gedanken«, so
die dröhnenden Worte von der riesigen Videoleinwand
herab, »ist eine mächtigere Waffe als jede Flotte oder
Armee der Erde.« Die Kamera schwenkt auf eine junge
Frau mit einer roten Sporthose – der einzige Farbtupfer
des Films –, die mit einem Hammer in der Hand auf die
Leinwand zuläuft, verfolgt von den Schergen der Geheim-
polizei. Gerade als der ›Große Bruder‹ seine Rede beendet,
schleudert die Frau den Hammer in Richtung Bildschirm
und bringt ihn zur Explosion. Ein Sprecher verkündet die
gleichzeitig eingeblendeten Sätze: »Am 24. Januar 1984
wird Apple Computer den Macintosh vorstellen. Und ihr
werdet sehen, warum 1984 nicht wie ›1984‹ sein wird.«
Aus der Perspektive der digitalen Kultur heute, gut dreißig Jahre später, steht zur Debatte, ob sich diese Differenz
wirklich bewahrheitet hat. Auf jedem Fleck der westlich
geprägten Welt blicken Menschen in dieselben Bildschirme mit silbergrauem Gehäuse und folgen denselben
Präsentationsrastern von Individualität. Prozesse der Regulierung werden von ihnen selbst übernommen und damit auf eine Weise umgesetzt, deren beiläufige Effizienz
nicht vorauszusehen war. Das Versprechen unserer Selbstentfaltung ist eine mächtigere Waffe als jede Vereinheitlichung der Gedanken.

Anmerkungen

Um eine übermäßig hohe Zahl an Endnoten in diesem Buch zu vermeiden, sind fortlaufende Zitate aus demselben Werk oder kurz hintereinander stehende Zitate aus verschiedenen Werken in einer Endnote zusammengefasst. Der Inhalt der zitierten Websites wurde das letzte Mal im April 2017 überprüft.

1. ›Profil‹: Karriere eines Formats

1 Bélanger u. a. (2011), S. 334; vgl. zu der Debatte grundsätzlich Anonym (2012) und Piorkowski (2012)
2 Boyd / Heer (2006), S. 1. Vgl auch: Boyd (2004), S. 1 und Boyd / Donath (2004), S. 72. Den Hinweis auf Danah Boyds Aufsätze zum ›Profil‹, wie auch einige andere Hinweise zur Geschichte des Formats, verdanke ich den Forschungen des Braunschweiger Medienhistorikers Andreas Weich (vgl. Weich [2017]), dessen Dissertation zur Geschichte des Profil-Begriffs in Kürze erscheint
3 Boyd / Donath (2004), S. 74
4 Boyd / Heer (2006)
5 *Webster Universal Dictionary* (1968), S. 1163
6 Rossolimo (1910/1926), S. 8 *(Hervorhebung A. B.)*
7 Bartsch (1922/1926), S. 3
8 Bartsch (1922/1926), S. 60 und S. 73; Giese (1923), S. 40
9 Gold (1962); zum ›Mad Bomber‹ und dem Anteil des Psychoanalytikers James Brussel an der Aufklärung der Explosionsserie vgl. Brussel (1968/1971)

10 Ault / Reese (1980), S. 22 – 25

11 Vorpagel (1982), S. 156

12 Ault / Reese (1980), S. 24; vgl. die ganz ähnliche Liste bei Vor-
    pagel (1982), S. 159

13 Gold (1962), S. 404 und 416, Ault / Reese (1980), S. 25

14 Rider (1980), Juli, S. 7

15 Zur Anzahl der Fälle in den USA vgl. Vorpagel (1982), S. 159,
    zum ersten Täterprofil in Deutschland vgl. Musolff (2006), S. 12

16 Vgl. etwa zur Geschichte der Erfassung von Psychiatriepatien-
    ten, zum Übergang von der krankensaalbezogenen Dokumen-
    tation zum patientenzentrierten Format im Lauf des 19. Jahr-
    hunderts Ipektschi (1983) über das Allgemeine Krankenhaus
    in Hamburg, Bernet (2009) über die Zürcher Klinik Burghölzli
    sowie Hess (2010, v. a. S. 310) und Ledebur (2011, v. a. S. 103)
    über die Berliner Charité

17 Lavater (1772/1991), S. 50 (Die Zitate wurden der gegenwärti-
    gen Ortographie angepasst)

18 Bertillon (1895), S. 14

19 Und man könnte in dieser Hinsicht sogar noch eine dritte Be-
    deutungsebene des Begriffs hinzunehmen, die erstmals um
    1880 patentierten Fahrrad-›Profilreifen‹ der Firmen Dunlop
    oder Palmer. In Conan Doyles Sherlock-Holmes-Geschichte
    Die Abtei-Schule ist es genau die Lektüre dieser verschiedenen
    Fahrradspuren im Umkreis des Tatorts, die den Detektiv auf
    die richtige Fährte bei der Suche nach dem Täter führt. »Ich
    bin mit zweiundvierzig verschiedenen Reifenabdrücken ver-
    traut«, sagt Sherlock Holmes zu Beginn der Ermittlung. (Doyle
    [1904/1985], S. 142)

20 Vgl. die Abbildung der ersten match.com-Seite von 1995 auf
    dailymail.co.uk/sciencetech/article-3324447/I-trying-right-per
    son-marry-Match-com-founder-reveals-inspirationonline-dat
    ing-site-goes-public.html sowie die frühe Werbeannonce des
    Unternehmens auf kremen.com/wp-content/uploads/files/019
    _WEBSIGHT_0996_MATCH_AD.PDF. Vgl. auch einen der
    ersten Erfahrungsberichte über die Seite von Crawford (1996),
    in dem es heißt: »Man stellt einfach sein Profil online und war-
    tet auf elektronische Liebesbriefe.«

21 Vgl. Illouz (2006), S. 115–159 und Illouz (2011), S. 357–416

22 youtube.com/watch?v=MzE2cOqUFWM (ab Minute 2:20)

23 Noch ältere, auf wenige Hundert Teilnehmer begrenzte On-line-Communities wie das seit 1985 bestehende, in Kalifornien gegründete WELL (›Whole Earth 'Lectronic Link‹) kannten das Format des ›Profils‹ noch nicht. Die Mitglieder wählten sich mit Benutzernamen und Passwort ein und konnten die nach Themen geordneten Seiten durchstöbern und Kommentare platzieren (vgl. zur Funktionsweise des WELL Rheingold [1993/2000] und Turner [2006], S. 141–174)

24 Weinreich (1997), Abschnitt 10, Abschnitt 18, Abschnitt 1

25 Zitiert bei Riordan (2003). Reid Hoffmann, noch heute Präsident des Unternehmens LinkedIn, hat diese Formel mit ihrer konstitutiven Analyse des ›Profils‹ nie mehr aus der Hand gegeben

26 Weinreich (1997), Abschnitt 5

27 Erstmals formuliert wurde dieses Konzept offenbar in der 1929 erschienenen Erzählung *Kettenglieder* des ungarischen Schriftstellers Frigyes Karinthy

28 Püttjer / Schnierda (1999)

29 Bis heute sind unter anderem folgende Titel in verschiedenen Auflagen erschienen: *Die Bewerbungsmappe mit Profil für Führungskräfte, Die Bewerbungsmappe mit Profil für Hochschulabsolventen (mit Insiderkommentaren), Das große Bewerbungshandbuch (mit Püttjer & Schnierda-Profil-Methode), 20 perfekte Bewerbungen mit Profil, Die Bewerbungsmappe mit Profil für Um- und Aufsteiger, Vorstellungsgespräch: vorbereiten, überzeugen, gewinnen (mit Pütter & Schnierda-Profil-Methode)*

30 Telefonisches Interview mit Christian Püttjer, 26. Januar 2017

31 Püttjer / Schnierda (2006), S. 18

32 Püttjer / Schnierda (2001), S. 85, Püttjer / Schnierda (2006), S. 20

33 Püttjer / Schnierda (2006), S. 25

34 Vgl. zum Beispiel Püttjer / Schnierda (1999), S. 79, Püttjer / Schnierda (2006), S. 220 und Püttjer / Schnierda (2006), S. 18

35 Das Wort ›Benutzerprofil‹ etwa taucht im Zusammenhang mit der demographischen Analyse einer Bevölkerungsgruppe vereinzelt schon ab den frühen 1970er Jahren auf, vgl. Kob (1973)

36 Vgl. etwa Burnett / Bush (1986)

37 Wenzlau u. a. (2003), S. 17/18 *(Hervorhebung im Original)*

38 Vgl. US-Patent WO 2007041371, *Using Information from User Video Game Interactions to Target Advertisments* und die Diskussion des Patents bei Martin-Jung (2007)

39 Wittig (2000), S. 62. Wittig zitiert in dieser Passage zum Teil ihrerseits einen anderen Juristen

40 Schnabel (2009), S. 172, S. 171

41 *Datenschutz-Grundverordnung* (2016), Kapitel 1, Art. 4: ›Begriffsbestimmungen‹ und Vorbemerkung 60

42 Ebd., Vorbemerkung 18

43 Schnabel (2009), S. 177. Eine der ersten datenschutzrechtlichen Untersuchungen, die diese neue Verdoppelung von unbemerkt und freiwillig erstellten ›Profilen‹ zum Thema machen, ist die im Jahr 2012 erschienene Studie von Louise Specht, vgl. Specht (2012)

44 Vgl. Kosinski u. a. (2011); Kosinski / Stilwell / Graepel (2013), S. 5802; vgl. auch mypersonality.org / wiki / doku.php

45 Kosinski / Stilwell / Graepel (2013), S. 5802; Kosinski u. a. (2011)

46 Vgl. die Rede Nix' auf youtube.com/results?search_query=alexander+nix+concordia+summit (bei Minute 4:10); vgl. auch Grassegger / Krogerus (2016), jener Artikel, der die Arbeitsweise der Firma ›Cambridge Analytica‹ nach Trumps Wahl im deutschsprachigen Raum bekannt gemacht hat

47 Turkle (1995), S. 185, Turkle (1994), S. 164 *(Hervorhebung im Original)*, Rheingold (1993/2000), S. 149, Barlow (1996)

48 Turner (2006), S. 162

49 Ebd., S. 117

50 Barlow (1996)

51 facebook.com / legal / terms

52 Kirkpatrick (2010), S. 100, S. 199, S. 210

2. Orten: GPS und die Ästhetik des Verdachts

1 Sender (1978), S. 318
2 Vgl. Krüger (1978), S. 105
3 Kittler (1986), S. 149
4 Freiesleben (1978), S. 66, Ernst (1978), S. 409, Tjardts (1982), S. 150
5 Stellvertretend etwa Beukers (1995), S. 24
6 Presidential Decision Directive NSTC-6 vom 28. März 1996, fas.org / spp / military / docops / national / gps.htm
7 The White House, Office of the Press Secretary, Press Briefing May 1 2000, clinton6.nara.gov/2000/05/2000-05-01-press-brie fing-on-the-global-positioning-system.html
8 Institute of Public Administration (1968), S. 28, zitiert auch bei Schwitzgebel (1971), S. 18
9 Hansen / Leflang (1979), S. 4
10 Eylert (1982), S. B 13; vgl. auch Hansen / Leflang (1979), die im Hinblick auf das Konzept der automatischen Fahrzeugortung die Sicherheit der Beamten als »eines der vordringlichsten Einsatzgebiete« bezeichnen, und Fogy (1978), den vermutlich ersten deutschsprachigen Aufsatz zum Thema
11 Peitz (1987), S. 361
12 Vgl. die Diskussion der beiden Fälle bei Hall (1985), Heft 2, S. 27 – 30
13 Lavrakas / Marshall (1995), S. 122, S. 124
14 Vgl. Larkin (2013), S. 3
15 Zitiert bei Hall (1985), Heft 2, S. 27
16 Hall (1985), Heft 3, S. 27
17 *United States v. Jones* (2012), S. 10
18 *United States v. Jones* (2012), Alito, J., Concurring in Judgement, S. 11, 12, 13
19 *United States Petitioner v. Antoine Jones* (2011), *Oral Argument*, S. 44
20 *United States v. Jones* (2012), Sotomayor, J., Concurring in Judgement, S. 3
21 Vgl. Johnson (2012)
22 Bundesverfassungsgericht, 2 BvR 581/01 (2005)

23 Vgl. juris.bundesgerichtshof.de/cgi-bin/rechtsprechung/docu
ment.py?Gericht=bgh&Art=pm&Datum=2013&Sort=3&nr
=64248&pos=0&anz=95

24 Schwitzgebel u. a. (1964), S. 233

25 Schwitzgebel / Hurd (1969)

26 Schwitzgebel (1969), S. 10

27 Vgl. Schwitzgebel (1971)

28 Schwitzgebel (1969), S. 12

29 Schwitzgebel u. a. (1964), S. 237

30 bleedingcool.com/2012/06/24/when-spider-man-invented-
electronic-tagging/; vgl. zu Jack Love und Spiderman auch
Timko (1986), S. 15 und Fox (1987), S. 131ff.

31 Jolin / Rogers (1990), S. 202

32 Vgl. Fox (1987), S. 133

33 *Bundestagsdrucksache 17/3403* (2010)

34 Brauneisen (2011), S. 311

35 *Strafgesetzbuch, § 68b Weisungen*; http://dejure.org/gesetze/
StGB/68b.html

36 Nogala / Haverkamp (2000), S. 35

37 Brauneisen (2011), S. 312; vgl. auch den identischen Vergleich
mit der »Armbanduhr« bei Kunze (2008), S. 34

38 Vgl. Önel (2012), S. 6. Und dies ist auch der Grund dafür, dass
es gegen die ›elektronische Fußfessel‹ noch nicht, wie im Fall
der heimlichen Ortung von Verdächtigen, zu Verfassungsklagen gekommen ist

39 Brauneisen (2011), S. 312

40 § 463a Abs. 4 S. 1 Hs. 2 StPO

41 Redlich (2005), S. 369

42 Feltes (1988), S. 90, S. 95, S. 97

43 Vgl. dazu Kapitel 4 dieses Buches

44 Feltes (1988), S. 102

45 Jacobson (1995), S. 81

46 Buschauer / Willis (2014), S. 7; vgl. auch den aufschlussreichen
Aufsatz von Buschauer (2014), in dem sie unter anderem die
technische Vorgeschichte der Ortungssensibilität von Mobiltelefonen nachzeichnet. Bis weit in die 1990er Jahre hinein gilt es
als ein rein infrastrukturelles Problem der neuen Kommunika-

tionstechnik, dass ein Gerät den Standort des anderen kennen muss; anders könnte das zellulär aufgebaute Mobilfunksystem nicht funktionieren. Erst ab der zweiten Hälfte der neunziger Jahre, so Buschauer, beginnen Lokalisierungsverfahren als Selbstzweck und ›Kernfähigkeit‹ der digitalen Kultur wahrgenommen zu werden (S. 417)

47 Dao / Rizos / Wang (2002), S. 169 (vgl. ganz ähnlich auch Lachapelle / Wang [2002], S. 137); Frith (2015), S. 29

48 Vgl. Frith (2015), S. 34

49 Negroponte (1996/1997), S. 13/14

50 Vgl. etwa Ackermann (2014), S. 156

51 Vgl. den für die Fangemeinde zentralen Text von Köhntopp (2016)

52 Boltanski (2012/2015), S. 60; zum »Indizienparadigma« vgl. Ginzburg (1979/1988)

53 Nogala / Sack (1995), S. 127, S. 149

3. Leibesvisitationen: Die ›Quantified Self‹-Bewegung und die Vermessung des Körpers

1 Wolf (2010), S. 12

2 Ebd., S. 2 und 3

3 Ebd., S. 7, S. 12

4 Lichtenberg (1778/1972), S. 288

5 Wolf (2010), S. 11, S. 12

6 Vgl. zu diesen Zahlen Neff / Nafus (2016), S. 1, Marshall (2016) und cnet.com / news / fitbit-sold-more-wearables-in-2016-than-apple-and-samsung-combined/

7 Wolf (2010), S. 7, youtube.com / watch?v=ec31n6HFxJg, fitbit.com / de / whyfitbit

8 Vgl. zur Geschichte der Waage das eindrucksvolle Buch von Schwartz (1986), v. a. S. 164ff.; zum Vergleich zwischen früheren und heutigen Verfahren der Selbstvermessung Crawford / Lingel / Karppi (2015)

9 fitbit.com / de / app

10 Ebd.

11 MacManus (2014), S. 13

12 generali-vitalityerleben.de/noch-fragen.html#tests

13 presseportal.de/pm/108395/3360582; zu den Plänen der gesetz-
    lichen Krankenkassen vgl. versicherungsbote.de/id/4844671/
    Techniker-Krankenkasse-Fitnesstracker-Bonusprogramm/

14 generali-vitalityerleben.de / noch-fragen.html

15 Vgl. die Website dacadoo.com

16 Vgl. Bröckling (2004), Bröckling (2007), Lemke (2007)

17 generalivitality.de/vmp/bewusst_machen/vitality_alter

18 Neff / Nafus (2016), S. 15

19 youtube.com/watch?v=YN_MjyNq3Z8, vgl. zur hier zitierten
    Passage die Sequenz bei Minute 3:10 bis 3:30

20 Münsterberg (1908/1923), S. 6, S. 3, Münsterberg (1914/1920),
    S. 236

21 Kurella (1892), S. 11, Gould (1981/1994), S. 131; zu den Verbre-
    chertypen vgl. Kurella (1892), S. 39

22 Bertillon (1890), S. 4, S. 11, S. 4/5

23 Schneider (1986), S. 23, Bertillon (1890), S. 30/31

24 Krause (2008), S. 362

25 Gross (1893/1914), S. 50, S. 37, S. 37

26 Gross (1893/1914), S. 160, S. 164/65. Der automatische Schritt-
    zähler wird sogar schon in der zweiten Auflage des *Handbuchs*,
    erschienen im Jahr 1894, erwähnt (vgl. S. 126/127)

27 Krafft-Ebing (1867), S. 19; Westphal (1877/1892), S. 393

28 Westphal (1877/1892), S. 394; zum Stellenwert des Zählzwangs
    in der Psychiatrie des frühen 20. Jahrhunderts vgl. Jahrreiß
    (1926)

29 Joachim (1892), S. 25/26, Jahrreiß (1926), S. 761, S. 782, S. 783

30 Döblin (1911/2013), S. 59; Marx (1997), S. 55 (mit Blick auf
    Duytschaever [1973]), Döblin (1911/2013), S. 60. Michael Fi-
    scher ist nicht der einzige labile Protagonist Döblins, der un-
    entwegt seine Schritte zählt. In seinem großen historischen Ro-
    man *November 18* heißt es etwa über die Hauptfigur Friedrich
    Becker: »Wie er die Schritte zählte und kontrollierte, machte er
    noch rasch kehrt, um zu sehen, was sich hinter seinem Rücken
    abspielte« (zitiert nach Schäffner [1995], S. 44)

31 Zit. bei Griesinger (1868/69), S. 631, Westphal (1877), S. 405
32 Freud (1896/1952), S. 391, Freud (1894/1952), S. 63, Freud (1896/1952), S. 386
33 Cullerre, Alexandre, *Les Epileptiques arithmomanes* (1890), zitiert und übersetzt bei Donath (1918), S. 56
34 Löwenfeld (1904), S. 230/31
35 Freud (1896/1952), S. 391
36 Gould (1981/1994), S. 132, S. 18/19, S. 74/75
37 Ebd., S. 19
38 Ebd., S. 164
39 Ebd., S. 173
40 Ebd., S. 201
41 Münsterberg (1914/1920), S. 236; vgl. auch die ganz ähnlichen Passagen S. 507 und Münsterberg (1908/1923), S. 82
42 Watson (1913/1968), S. 17, Watson (1925/1930), S. 22, Watson (1913/1968), S. 13
43 Skinner (1974/1978), S. 40, S. 22
44 Raulff (1985), S. 39
45 Skinner (1974/1978), S. 175, S. 191, S. 253/54
46 presseservice.pressrelations.de/pressemitteilung/generali-group--partnerschaft-zwischen-generali-und-discovery-zur-einfuehrung-des-innovativen-produkts-vitality-in-europa-581548.html *(Hervorhebung A. B.)*
47 Münsterberg (1914/1920), S. 216, Watson (1925/1930), S. 31, Skinner (1974/1978), S. 252. Dieser prinzipiellen Ablehnung zum Trotz führt Münsterberg aber auch einige Selbstvermessungen durch (vgl. Münsterberg 1908/1923, S. 120/121)
48 fitbit.com / de / app
49 Vgl. Rechtschaffen / Kale (1968), zitiert bei Penzel (2014), S. 213
50 Wolf (2010), S. 11
51 Münsterberg (1914/1920), S. 237
52 Münsterberg (1908/1923), S. 45/46
53 Vgl. Raulff (1985), S. 36
54 Münsterberg (1914/1920), S. 506/07
55 Münsterberg (1914/1920), S. 502 (siehe ganz ähnlich auch S. 512), S. 502

56 Zitiert bei Raulff (1985), S. 33

57 Raulff (1985), S. 42. Ein Schreibfehler im Original wurde getilgt.

58 Crawford (2014)

59 Vgl. zu diesem Standpunkt etwa Olsen (2014)

60 Crawford (2014)

61 bgr.com/2016/04/20/fitbit-fitness-tracker-legal-case/, fusion.net/story/158292/fitbit-data-just-undermined-a-womans-rape-claim/

4. Erfassungsangst, Erfassungslust: Umschichtungen eines Menschenbilds

1 Anonym (1987a), S. 30

2 Rottmann / Strohm (1986), S. 7, S. 136, S. 9, S. 11/12; zu den Verkaufszahlen des Buches vgl. Anonym (1987b), S. 46

3 Koppenstedt (1983), S. 7

4 Bundesverfassungsgericht, Urteil vom 15. 12. 1983; https://openjur.de/u/268440.html

5 Vgl. die Darstellung der Bögen auf deutsche-digitale-bibliothek.de/item/UBKXLYCVA5QTY4B7CX2FWXLXBM7OOCLD; alle Zitate aus den Erhebungsformularen von 1987 beziehen sich auf diese Abbildungen

6 Zitiert bei Anonym (1987a), S. 31. Zu Leverkusen vgl. Anonym (1987a), S. 30, zu Freiburg vgl. den Pressespiegel in Universität Duisburg Gesamtschule (1988), o. S.

7 Vgl. Kapitel 1, S. 24

8 Rottmann / Strohm (1986), S. 7

9 Anonym (1987a), S. 53

10 Rottmann / Strohm (1986), S. 126

11 Rottmann / Strohm (1986), S. 9; Wermann (1987), S. 38

12 Aly / Roth (1984), S. 16, S. 17, S. 67

13 Vgl. Aly (1987)

14 Rottmann / Strohm (1986), S. 8

15 Herold (1968), S. 244/45, S. 243, S. 240

16 Herold (1985), S. 85

17 Anonym (1987a), S. 31

18 Duve (1983), S. 26, Hubert (1983), S. 259, Süskind (1983), S. 3, Hubert (1983), S. 254, Rottmann / Strohm (1986), S. 25

19 Rottmann / Strohm (1986), S. 7

20 Bölsche (1979/1983) S. 11

21 Lovink (1997); vgl. zur Geschichte der Netzkritik-Bewegung auch Apprich (2015)

22 Vgl. zu dieser Entwicklung Turner (2006), S. 212–222

23 Orwell (1949/2011), S. 9, S. 8, S. 136, S. 102

24 Dave Eggers hat diese Transformation in seinem Roman *Der Circle* von 2014 literarisch ausgearbeitet (vgl. Eggers [2014])

25 Orwell (1949/2011), S. 10

26 Ebd., S. 248/49

27 Ebd., S. 92

28 Ebd., S. 42

29 Ebd., S. 155

30 Ebd., S. 203 *(Hervorhebung im Original)*

31 Ebd., S. 341–343

32 Vgl. Bauman / Lyon (2013)

33 Vgl. Brunton / Nissenbaum (2015)

34 Anonym (1984), S. 221

35 Vgl. Kurella (1892), S. 22

36 Gross (1893/1914), S. 346/47

37 Bertillon (1890), S. 24

38 Vgl. z. B. nytimes.com/1994/05/22/magazine/sunday-may-22-1994-nike-s-tattooed-ekins.html oder polledemaagt.com/blog/2010/11/14/remarkable-corporate-culture-nikes-ekin-tattoos/

5. Die Macht der Verinnerlichung

1 Ploetz (1895), S. 144

2 Binding / Hoche (1920), S. 55, S. 51

3 Deleuze (1990/1993), S. 255, S. 257, S. 261

4 fitbit.com/at/about, facebook.com/generali.badhomburg/
  posts/1171630396227749

5 Bauman/Lyon (2013), S. 47

6 Lukács, Georg (1923/1968), S. 257

7 So schon ein BVerfG-Urteil zum Mikrozensus im Jahr 1969,
  telemedicus.info/urteile/Allgemeines-Persoenlichkeitsrecht/
  420BVerfG-Az-1-BvL-1963-Mikrozensus.html

8 Nachtwey (2016), S. 108, S. 11

9 Ebd., S. 84, S. 86, S. 78, S. 108

10 Münsterberg (1914/1920), S. 441; Watson (1925/1930), S. 33;
   zur Kybernetik vgl. Wiener (1943/2002); Herold (1968), S. 253,
   S. 254. Auch in B. F. Skinners Standardwerk *Der Behaviorismus*
   wird betont, wie wichtig die Kategorie der »Vorhersage« für die
   durch ihn so einflussreich gewordene Wissenschaft ist (vgl.
   Skinner [1974/1978], S. 16/17)

11 Foucault (1993), S. 203, übersetzt und zitiert von Bröck-
   ling/Krasmann/Lemke (2000), S. 29; ebd., S. 29

12 Orwell (1949/2011), S. 201, S. 264

13 Der große Erfolg des Buches *Rückkehr nach Reims*, in dem der
   Soziologe Didier Eribon von der lebenslangen Verleugnung
   seiner Herkunft aus einer Arbeiterfamilie erzählt und dieses
   paradigmatische Schweigen mit einer Reflexion über den Stellenwert der ›Klasse‹ in der Politik der Gegenwart verbindet,
   deutet allerdings an, dass sich das Interesse an dieser ver-
   nachlässigten Kategorie gerade wieder vergrößert (vgl. Eribon
   [2009/2016])

14 Wenn es die digitale Kultur also charakterisiert, dass der Standort der Kritik in einer Gesellschaft aus vernetzten, sich selbst
   erfassenden und regulierenden Menschen problematisch geworden ist, dann stellt sich die Frage, inwieweit die politischen
   Entwicklungen der vergangenen Jahre an die Ausprägungen
   der neuen Medientechnologie gebunden sind. Welchen Anteil am Aufstieg des Populismus hat die Disposition einer Öffentlichkeit, in der jede Behauptung, jede Information eines
   Absenders die Adressaten ohne den Filter zwischengeschalte-
   ter Institutionen erreichen kann? So wie Walter Benjamin in
   seinem Aufsatz *Das Kunstwerk im Zeitalter seiner technischen*

222

Reproduzierbarkeit den Zusammenhang von Faschismus und neuen Medien wie dem Film und der Fotografie untersucht hat, müsste man die Präsidentschaft Donald Trumps, die Wahlkämpfe der neuen populistischen Parteien an die Wirkung heutiger Kommunikations- und Repräsentationsweisen knüpfen. Aber dies erfordert eine eigenständige Analyse.

Verwendete Literatur

Ackermann, Judith (2014), Location Based Mobile Gaming in der Stadt – Spielerische Eroberung des urbanen Raums und Hybrid Reality Theatre; in: Bächle, Thomas Christian / Thimm, Caja (Hg.), Mobile Medien – Mobiles Leben. Neue Technologien, Mobilität und die mediatisierte Gesellschaft. Bonn, S. 143–167

Aly, Götz (1987), Die restlose Erfassung im Nationalsozialismus; in: Anonym (Hg.), Volkszählungs-Boykott. Bilder, Plakate, Flugschriften. Kassel, S. 12–16

Aly, Götz / Roth, Karl Heinz (1984), Die restlose Erfassung. Volkszählen, Identifizieren, Aussondern im Nationalsozialismus. Berlin

Anonym (1984), Art. ›Tätowierungen‹; in: Kriminalistik Lexikon. Heidelberg, S. 221

Anonym (1987a), Datenschrott für eine Milliarde?; in: Der Spiegel 12, S. 30–53

Anonym (1987b), Teufel an der Wand; in: Der Spiegel 16, S. 46–51

Anonym (2012), The Mystery of Aurora Suspect's Missing Facebook Account, cnet.com/news/the-mystery-of-aurora-suspects-missing-facebook-account/

Apprich, Clemens (2015), Vernetzt. Zur Entstehung der Netzwerkgesellschaft. Bielefeld

Ault, Richard jr./Reese, James (1980), A Psychological Assessment of Crime: Profiling; in: FBI Law Enforcement Bulletin Jg. 49, S. 22–25

Barlow, John Perry (1996), Declaration of the Independence of Cyberspace, eff.org / de / cyberspace-independence

Bartsch, Karl (1922/1926), Das psychologische Profil und seine Auswertung für die Heilpädagogik. Ein Beitrag zur Erforschung der psychischen Funktionen des normalen und anormalen Kindes. Halle a. S., 2. Auflage

Bauman, Zygmunt / Lyon, David (2013), Daten, Drohnen, Disziplin. Ein Gespräch über flüchtige Überwachung. Berlin

Bélanger, Richard, u. a. (2011), U-Shaped Association Between Intensity of Internet Use and Adolescent Health; in: Pediatrics Jg. 127, S. 330–335

Bergmann, Sven (2007), Die elektronische Fußfessel. Eine kritische Betrachtung über eine nicht mehr ganz so neue Straftechnik; in: Forum Strafvollzug Jg. 56, S. 262–266

Bernet, Brigitte (2009), Der Fall des psychiatrischen Formulars; in: Zum Fall machen, zum Fall werden: Wissensproduktion und Patientenerfahrung in Medizin und Psychiatrie des 19. und 20. Jahrhunderts. Frankfurt am Main, S. 62–91

Bertillon, Alphonse (1890), Das anthropometrische Signalement. Neue Methode zu Identitäts-Feststellungen. Berlin

Bertillon, Alphonse (1895), Die Gerichtliche Photographie. Mit einem Anhange über die anthropometrische Classification und Identificirung. Halle a. S.

Beukers, John (1995), The Unfolding Future of the Global Navigation Satellite System. Part I. From the Past to the Present; in: GPS Solutions Jg. 1, S. 23–27

Binding, Karl / Hoche, Alfred (1920), Die Freigabe der Vernichtung unwerten Lebens: Ihr Mass und ihre Form. Leipzig

Bölsche, Jochen (1979/1983), Der Weg in den Überwachungsstaat. Reinbek bei Hamburg

Boltanski, Luc (2012/2015), Rätsel und Komplotte. Kriminalliteratur, Paranoia, moderne Gesellschaft. Frankfurt am Main

Boltanski, Luc / Chiapello, Ève (1999/2006), Der neue Geist des Kapitalismus. Konstanz

Boyd, Danah (2004), Friendster and Publicly Articulated Social Networks, danah.org/papers/CHI2004Friendster.pdf

Boyd, Danah / Donath, Judith (2004), Public Displays of Connection; in: BT Technology Journal Jg. 22, S. 71–82

Boyd, Danah / Heer, Jeffrey (2006), Profiles as Conversation: Networked Identity Performance on Friendster, danah.org/papers/HICSS2006.pdf

Brauneisen, Achim (2011), Die elektronische Überwachung des Aufenthaltsortes als neues Instrument der Führungsaufsicht; in: Strafverteidiger Jg. 31 S. 311–316

Bröckling, Ulrich (2004), Prävention; in: Ders./Krasmann, Susanne/Lemke, Thomas, Glossar der Gegenwart. Frankfurt am Main, S. 210–215

Bröckling, Ulrich (2007), Das unternehmerische Selbst. Soziologie einer Subjektivierungsform. Frankfurt am Main

Bröckling, Ulrich/Krasmann, Susanne/Lemke, Thomas (2000), Gouvernementalität, Neoliberalismus und Selbsttechnologien. Eine Einleitung; in: dies. (Hg.), Gouvernementalität der Gegenwart. Studien zur Ökonomisierung des Sozialen. Frankfurt am Main, S. 7–40

Brunton, Finn/Nissenbaum, Helen (2015), Obfuscation. A User's Guide for Privacy and Protest. Cambridge/London

Brussel, James (1968/1971), Das ungezähmte Böse. Die berühmtesten Fälle des Sherlock Holmes unter den Psychiatern. Bern

Burnett, John/Bush, Alan (1986), Profiling the Yuppies; in: Journal of Advertising Research Jg. 26, S. 27–35

Buschauer, Regine/Willis, Katharine (2014), Locative Media. Medialität und Räumlichkeit – Multidisziplinäre Perspektiven zur Verortung der Medien. Bielefeld

Buschauer, Regine (2014), (Very) Nervous Systems. Big Mobile Data; in: Reichert, Rámon (Hg.), Big Data. Analysen zum digitalen Wandel von Wissen, Macht und Ökonomie. Bielefeld, S. 405–436

Chun, Wendy Hui Kyong (2006), Control and Freedom. Power and Paranoia in the Age of Fiber Optics. Cambridge/London

Crawford, Kate (2014), When Fitbit is the Expert Witness, the atlantic.com/technology/archive/2014/11/when-fitbit-is-the-expert-witness/382936/

Crawford, Kate/Lingel, Jesse/Karppi, Tero (2015), Our Metrics Ourselves: A Hundred Years of Self-Tracking From the Weight Scale to the Wrist Wearable Device; in: European Journal of Cultural Studies Jg. 18, S. 479–496

Crawford, Leslie (1996), Geek Love; in: San Francisco Focus, Oktober, S. 20

Dahs, Hans (1999), Im Banne der elektronischen Fußfessel; in: Neue Juristische Wochenschrift Jg. 52, S. 3469–3471

Dao, Diep / Rizos, Chris / Wang, Jinling (2002), Location-based Services: Technical and Business Issues; in: GPS Solutions Jg. 6, S. 169–178

Datenschutz-Grundverordnung (2016), datenschutz-grundverord nung.eu/wp-content/uploads/2016/05/CELEX_32016R0679_ DE_TXT.pdf

Deleuze, Gilles (1990/1993), Postskriptum über die Kontrollgesell-schaften; in: Ders., Unterhandlungen. 1972–1990. Frankfurt am Main, S. 254–262

Döblin, Alfred (1911/2013), Die Ermordung einer Butterblume; in: Ders., Die Ermordung einer Butterblume. Gesammelte Erzäh-lungen. Frankfurt am Main, S. 59–71

Doering, R. D. (1974), Vehicle Locator Feasibility Study. Final Re-port Submitted to Governor's Conference on Criminal Justice. Florida

Donath, Julius (1918), Über Arithmomanie; in: Zeitschrift für die gesamte Neurologie und Psychiatrie Jg. 43, S. 56–64

Doyle, Arthur Conan (1904/1985), Die Abtei-Schule; in: Ders., Die Rückkehr des Sherlock Holmes. Zürich, S. 125–163

Duve, Freimut (1983), Katalysator gegen den Orwell-Staat; in: Taeger, Jürgen, Die Volkszählung. Reinbek bei Hamburg, S. 25–30

Duytschaever, John (1973), Eine Pionierleistung des Expressio-nismus. Alfred Döblins Erzählung *Die Ermordung einer But-terblume*; in: Amsterdamer Beiträge zur neueren Germanistik Bd. 2, S. 27–43

Eggers, Dave (2014), Der Circle. Köln

Eribon, Didier (2009/2016), Rückkehr nach Reims. Berlin

Ernst, D. (1978), NAVSTAR/GPS (Global Positioning System) und elektronische Störmaßnahmen; in: Ortung und Navigation, S. 409–426

Ewald, François (1986/1993), Der Vorsorgestaat. Frankfurt am Main

Eylert, Bernd (1982), Standortbestimmung von Einsatzfahrzeugen; in: Die Polizei Jg. 73, S. B13–B19

Feltes, Thomas (1988), Kriminalität und soziale Kontrolle im 21. Jahrhundert. Ein futuristisches Szenario vor dem Hintergrund aktueller Entwicklungen; in: Bewährungshilfe Jg. 35, S. 90–102

Fogy, W. (1978), Positionsbestimmung von Einsatzfahrzeugen im urbanen Gelände; in: Ortung und Navigation, S. 500–519

Folkers, Andreas / Lemke, Thomas (Hg.) (2014), Biopolitik. Ein Reader. Frankfurt am Main

Foucault, Michel (1982/2005), Subjekt und Macht; in: Ders., Dits et Ecrits. Schriften. Vierter Band. Frankfurt am Main, S. 269–294

Foucault, Michel (1993), About the Beginning of the Hermeneutics of the Self; in: Political Theory Jg. 21, S. 198–227

Fox, Richard (1987), Dr. Schwitzgebel's Machine Revisited: Electronic Monitoring of Offenders; in: Australian and New Zealand Journal of Criminology Jg. 20, S. 131–147

Freiesleben, H. C. (1978), Das Satelliten-System NAVSTAR/GPS; in: Ortung und Navigation, S. 63–79

Freud, Sigmund (1894/1952), Die Abwehr-Neuropsychosen; in: Ders., Gesammelte Werke chronologisch geordnet, 1. Band, Werke aus den Jahren 1892–1899. London, S. 59–74

Freud, Sigmund (1896/1952), Weitere Bemerkungen über die Abwehr-Neuropsychosen; in: Ders., Gesammelte Werke chronologisch geordnet, 1. Band, Werke aus den Jahren 1892–1899. London, S. 379–403

Frith, Jordan (2015), Smartphones as Locative Media. Cambridge / Malden

Galloway, Alexander (2012), The Interface Effect. Cambridge / Malden

Galton, Francis (1883), Inquiries into Human Faculty. London

Giese, Fritz (1923), Psychotechnisches Praktikum. Halle a. S.

Ginzburg, Carlo (1979/1988), Spurensicherung. Der Jäger entziffert die Fährte, Sherlock Holmes nimmt die Lupe, Freud liest Morelli – die Wissenschaft auf der Suche nach sich selbst; in: Ders., Spurensicherungen. Über verborgene Geschichte, Kunst und soziales Gedächtnis. München, S. 78–125

Gold, Louis (1962), The Psychiatric Profile of the Firesetter; in: Journal of Forensic Sciences Jg. 7, S. 404–417

Gould, Stephan Jay (1981/1994), Der falsch vermessene Mensch. Frankfurt am Main

Grassegger, Hannes / Krogerus, Mikael (2016), »Ich habe nur gezeigt, dass es die Bombe gibt«, dasmagazin.ch/2016/12/03/ich-habe-nur-gezeigt-dass-es-die-bombe-gibt/

Griesinger, Wilhelm (1868/69), Über einen wenig bekannten psychopathischen Zustand, in: Archiv für Psychiatrie und Nervenkrankheiten Jg. 1, S. 626–635 u. 753–754

Gross, Hans (1893/1914), Handbuch für Untersuchungsrichter als System der Kriminalistik. Sechste, umgearbeitete Auflage. München u. a.

Hall, John (1985), Electronic Tracking Devices. Following the Fourth Amendment; in: FBI Law Enforcement Journal Jg. 54, Heft 2, S. 26–31, und Heft 3, S. 26–31

Hansen, G. R./Leflang, W. G. (1979), Application of Automatic Vehicle Location in Law Enforcement. An Introductory Planning Guide. Washington, D. C.

Herold, Horst (1968), Organisatorische Grundzüge der elektronischen Datenverarbeitung der Polizei. Versuch eines Zukunftsmodells; in: Taschenbuch für Kriminalisten Bd. 18, S. 240–254

Herold, Horst (1985), »Rasterfahndung« – eine computergestützte Fahndungsform der Polizei; in: Recht und Politik Jg. 21, S. 84–97

Hess, Volker (2010), Formalisierte Beobachtung. Die Genese der modernen Krankenakte am Beispiel der Berliner und Pariser Medizin; in: Medizinhistorisches Journal Jg. 45, S. 293–340

Hubert, Eva (1983), Politiker fragen – Bürger antworten nicht! Die Boykottbewegung gegen die Volkszählung; in: Taeger, Jürgen, Die Volkszählung. Reinbek bei Hamburg, S. 254–266

Illouz, Eva (2006), Gefühle im Zeitalter des Kapitalismus. Frankfurt am Main

Illouz, Eva (2011), Warum Liebe weh tut. Eine soziologische Erklärung. Frankfurt am Main

Institute of Public Administration (1968), Public Urban Locator Service (PULSE) – Background and Conference Proceedings. Springfield

Ipektschi, Ali-Reza (1983), Ärztliche Aufzeichnungen über Patienten im Allgemeinen Krankenhaus in Hamburg in der Zeit von 1823–1888. Diss. Hamburg

Jacobson, Len (1995), GPS – The World's New Utility; in: GPS Solutions Jg. 1, S. 81

Jahrreiß, Walter (1926), Über Zwangsvorstellungen im Verlauf der Schizophrenie; in: Archiv für Psychiatrie und Nervenkrankheiten Jg. 77, S. 740–788

Joachim, Georg (1892), Ueber Zwangsvorstellungen. Diss. Berlin

Johnson, Carrie (2012), FBI Still Struggling with Supreme Court's GPS Ruling, npr.org/2012/03/21/149011887/fbi-still-struggl ing-with-supremecourts-gps-ruling

Jolin, Annette / Rogers, Robert (1990), Elektronisch überwachter Hausarrest: Darstellung einer Strafvollzugsalternative in den Vereinigten Staaten; in: Monatsschrift für Kriminologie und Strafrechtsreform Jg. 73, S. 201–209

Kirkpatrick, David (2010), The Facebook Effect. New York

Kittler, Friedrich (1986), Grammophon Film Typewriter. Berlin

Kob, Janpeter, u. a. (1973), Profil der Benutzer öffentlicher Bibliotheken. Berlin

Köhntopp, Kristian (2016), Ingress – Die Kunst, Umwege zu gehen, docs.google.com/document/d/18wdwC7VU_T_jBmodnUam WFl9LwRmdP38AOJ7Zp58TE0/edit?pli=1

Koppenstedt, Franz (1983), Keine unzumutbaren Fragen bei der Volkszählung; in: Frankfurter Allgemeine Zeitung 12. 4., S. 7

Kosinski, Michal, u. a. (2011), Our Twitter Profiles, Our Selves: Predicting Personality with Twitter, https://www.cl.cam.ac.uk /~dq209/publications/quercia11twitter.pdf

Kosinski, Michal / Stilwell, David / Graepel, Thore (2013), Private Traits and Attributes are Predictable from Digital Records of Human Behavior; in: Proceedings of the National Academy of Sciences Jg. 110, S. 5802–5805

Krafft-Ebing (1867), Richard, Beiträge zur Erkennung und richtigen forensischen Beurtheilung krankhafter Gemütszustände für Aerzte, Richter und Vertheidiger. Erlangen

Krause, Marcus (2008); Einleitung Sektion 5: Messen; in: Ders. u. a. (Hg.), Menschenversuche. Eine Anthologie 1750–2000. Frankfurt am Main, S. 355–390

Krüger (1978), Zweckmäßiger Einsatz und Betrieb von Radaranlagen für Satelliten-Navigation; in: Ortung und Navigation, S. 105–120

Kunze, Torsten (2008), Die elektronische Fußfessel in Hessen. Eine positive Betrachtung über Haftvermeidung mit Hilfe zur Selbsthilfe; in: Forum Strafvollzug Jg. 57, S. 33–35

Kurella, Hans (1892), Cesare Lombroso und die Naturgeschichte des Verbrechers. Hamburg

Lachapelle, Gerard / Wang, Jinling (2002), Letter from the Guest Editors: The GPS Wireless Special Issue; in: GPS Solutions Jg. 6, S. 137

Larkin, Paul (2013), The Fourth Amendment and New Technology; in: Legal Memorandum Jg. 102, S. 1–9

Lavater, Johann Caspar (1772/1991), Von der Physiognomik. Frankfurt am Main

Lavrakas, John / Marshall, Glenn (1995), Where is it and Where is it Going?: A Comprehensive Look at GPS Asset Location; in: GPS Solutions Jg. 1, S. 13–22

Ledebur, Sophie (2011), Schreiben und Beschreiben. Zur epistemischen Funktion von psychiatrischen Krankenakten, ihrer Archivierung und deren Übersetzung in Fallgeschichten; in: Berichte zur Wissenschaftsgeschichte Jg. 34, S. 102–124

Lemke, Thomas (2004), Test; in: Ders./Bröckling, Ulrich / Krasmann, Susanne, Glossar der Gegenwart. Frankfurt am Main, S. 263–270

Lichtenberg, Georg Christoph (1778/1972), Über Physiognomik; wider die Physiognomen. Zu Beförderung der Menschenliebe und Menschenkenntnis; in: Ders., Schriften und Briefe. Herausgegeben von Wolfgang Promies. Dritter Band. München, S. 256–295

Lovink, Geert (1997), Von der spekulativen Medientheorie zur Netzkritik, heise.de / tp / features / Von-der-spekulativen-Medientheorie-zur-Netzkritik-3411000.html

Löwenfeld, Leopold (1904), Die psychischen Zwangserscheinungen. Wiesbaden

Lukács, Georg (1923/1968), Die Verdinglichung und das Bewußtsein des Proletariats; in: Ders., Geschichte und Klassenbewußtsein. Werke, Band 2, Frühschriften II. Neuwied und Berlin, S. 257–397

Lupton, Deborah (2016), The Quantified Self. A Sociology of Self-Tracking. Cambridge / Malden

MacManus Richard (2014), Health Trackers. How Technology is Helping us Monitor and Improve Our Health. Auckland

Marshall, Gary (2016), The Story of Fitbit. How a Wooden Box Became a $4 Billion Company, wareable.com/fitbit/youre-fitbit-and-you-know-it-how-a-wooden-box-became-a-dollar-4-billion-company

Martin-Jung, Helmut (2007), Verhaltensforschung; in: Süddeutsche Zeitung 15. Mai, S. 1

Marx, Reiner (1997), Literatur und Zwangsneurose. Eine Gegenübertragungs-Improvisation zu Alfred Döblins früher Erzählung *Die Ermordung einer Butterblume*; in: Sander, Gabriele (Hg.), Internationales Alfred-Döblin-Kolloquium Leiden 1995. Bern u. a., S. 49–60

Münsterberg, Hugo (1908/1923), On the Witness Stand. Essays on Psychology and Crime. New York

Münsterberg, Hugo (1914/1920), Grundzüge der Psychotechnik. 2. Auflage. Leipzig

Musolff, Cornelia (2006), Täterprofile und Fallanalyse. Eine Bestandsaufnahme; in: Dies./Hoffmann, Jens (Hg.), Täterprofile bei Gewaltverbrechen. Mythos, Theorie und Praxis des Profilings. Heidelberg, S. 1–23

Nachtwey, Oliver (2016), Die Abstiegsgesellschaft. Über das Aufbegehren in der regressiven Moderne. Berlin

Neff, Gina / Nafus, Dawn (2016), Self-Tracking. Cambridge

Negroponte, Nicholas (1996/1997), Total Digital. Die Welt zwischen 0 und 1 oder Die Zukunft der Kommunikation. München

Nogala, Detlef / Sack, Fritz (1995), Folgerungen für die polizeiliche Arbeit aus der Technikausstattung; in: Bundeskriminalamt (Hg.), Aktuelle Methoden der Kriminaltechnik und Kriminalistik. Vorträge und Diskussionen der Arbeitstagung des Bundeskriminalamtes vom 8. bis 11. November 1994. Wiesbaden, S. 115–168

232

Nogala, Detlef / Haverkamp, Rita (2000), Elektronische Bewachung. Stichworte zur punitiven Aufenthaltskontrolle von Personen; in: Datenschutz und Datensicherheit Jg. 24, S. 31–338

Olsen, Parmy (2014), Fitbit Now Being Used in the Courtroom, forbes.com/sites/parmyolson/2014/11/16/fitbit-data-court-room-personal-injury-claim/#74adb8a4209f

Önel, Günes (2012), Verfassungsmäßigkeit und Effektivität der »elektronischen Fußfessel«; in: Jahrbuch des Kriminalwissenschaftlichen Instituts der Leibniz Universität Hannover, https://www.jura.uni-hannover.de/fileadmin/fakultaet/Institute/KI/Jahrbuecher/2012_-_Band_I_-_GOE_-_Endfassung.pdf

Orwell, George (1949/2011), 1984. Berlin

Peitz, Konrad (1987), Bedeutung moderner Ortungs- und Navigationstechnologien für die Gewährleistung der öffentlichen Sicherheit und Ordnung; in: Die Polizei Jg. 78, Beilage 3, S. 361–363

Penzel, Thomas (2014), Schlafforschung heute: Entwicklungen, Techniken und Motivationen der Praxis; in: Ahlheim, Hannah (Hg.), Kontrollgewinn – Kontrollverlust. Die Geschichte des Schlafs in der Moderne. Frankfurt am Main / New York, S. 209–226

Piorkowski, Christoph David (2012), Spurlos im Netz. Wer sich Facebook verweigert, macht sich verdächtig; in: Süddeutsche Zeitung 21.12., S. 13

Ploetz, Alfred (1895), Die Tüchtigkeit unsrer Rasse und der Schutz der Schwachen. Ein Versuch über Rassenhygiene und ihr Verhältniss zu den humanen Idealen, besonders zum Socialismus. Berlin

Püttjer, Christian / Schnierda, Uwe (1999), Anschreiben und Lebensläufe für Hochschulabsolventen. Felde am Westensee

Püttjer, Christian / Schnierda, Uwe (2001), Die gelungene Online-Bewerbung. Frankfurt am Main / New York

Püttjer, Christian / Schnierda, Uwe (2006), Das große Bewerbungshandbuch. Zweite Auflage. Frankfurt am Main / New York

Raulff, Ulrich (1985), Münsterbergs Erfindung oder Der elektrifizierte Zeuge; in: Freibeuter 24, S. 33–42

Rechtschaffen, Allen / Kales, Anthony (Hg.) (1968), A Manual of

Standardized Terminology, Techniques and Scoring for Sleep Stages of Human Subjects. Washington, D. C.

Redlich, Manja (2005), Die elektronische Überwachung. Entwicklung, Bestandsaufnahme und Perspektiven. Frankfurt am Main u. a.

Rheingold, Howard (1993/2000), The Virtual Community. Homesteading on the Electronic Frontier. Cambridge

Rider, Anthony (1980), The Firesetter. A Psychological Profile; in: FBI Law Enforcement Bulletin Jg. 49, Juni, S. 7–13, und Juli, S. 7–17

Riordan, Teresa (2003), Idea for Online Networking Brings Two Entrepreneurs Together; in: New York Times, nytimes.com/2003/12/01/technology/technology-media-patents-idea-for-online-networking-brings-two-entrepreneurs.html

Rose, Nikolas (1989), Governing the Soul. The Shaping of the Private Self. London

Rossolimo, Grigorij (1910/1926), Das Psychologische Profil und andere experimentell-psychologische, individuale und kollektive Methoden zur Prüfung der Psychomechanik bei Erwachsenen und Kindern. Halle a. d. Saale

Rottmann, Verena/Strohm, Holger (1986), Was Sie gegen Mikrozensus und Volkszählung tun können. Frankfurt am Main

Schäffner, Wolfgang (1995), Die Ordnung des Wahns. Zur Poetologie psychiatrischen Wissens bei Alfred Döblin. München

Schnabel, Christoph (2009), Datenschutz bei profilbasierten Location Based Services. Die datenschutzadäquate Gestaltung von Service-Plattformen für Mobilkommunikation. Diss. Kassel

Schneider, Manfred (1986), Die erkaltete Herzensschrift. Der autobiographische Text im 20. Jahrhundert. München

Schneider, Manfred (1992), Liebe und Betrug. Die Sprachen des Verlangens. München

Schwartz, Hillel (1986), Never Satisfied. A Cultural History of Diets, Fantasies & Fat. New York u. a.

Schwitzgebel, Ralph (1968), Survey of Electromechanical Devices for Behavior Modification; in: Psychological Bulletin Jg. 70, S. 444–459

Schwitzgebel, Ralph (1969), Development of an Electronic Rehabilitation System or Parolees; in: Law and Computer Technology Jg. 2, Heft 3, S. 9–12

Schwitzgebel, Ralph (1971), Development and Legal Regulation of Coercive Behavior Modification Techniques with Offenders. Washington, D.C.

Schwitzgebel, Ralph, u.a. (1964), A Program of Research in Behavioral Electronics; in: Behavioral Sciene Jg. 9, S. 233–238

Schwitzgebel, Ralph/Hurd, William (1969), Patent No. 3 478344: Behavioral Supervision System with Wrist Carried Transceiver, google.com/patents/US3478344

Sender, F. (1978), Von TRANSIT zu NAVSTAR – Entwicklungstendenzen der Satellitennavigation; in: Ortung und Navigation, S. 318–338

Skinner, Burrhus Frederic (1974/1978), Was ist Behaviorismus? Reinbek bei Hamburg

Specht, Louise (2012), Konsequenzen der Ökonomisierung informationeller Selbstbestimmung: Die zivilrechtliche Erfassung des Datenhandels. Köln

Stingelin, Martin (1988), En face et en profil. Der identifizierende Blick von Polizei und Psychiatrie, in: FOTOVISION. Ausstellungskatalog

Süskind, Martin E. (1983), Warten auf Orwells Jahr; in: Süddeutsche Zeitung 14. 4., S. 3

Timko, Francis (1986), Electronic Monitoring – How it All Began: Conversations with Love and Goss; in: Journal of Probation and Parole Jg. 17, S. 15–16

Tjardts, Jan Peter (1982), NAVSTAR GPS. Entwicklungsstand und weitere Zukunft dieses globalen Navigationssystems; in: Ortung und Navigation, S. 148–158

Turkle, Sherry (1994), Constructions and Reconstructions of Self in Virtual Reality: Playing in the MUDs; in: Mind, Culture, and Activity Jg. 1 (1994), S. 158–167

Turkle, Sherry (1995), Life on the Screen. Identity in the Age of the Internet. New York u.a.

Turner, Fred (2006), From Counterculture to Cyberculture. Stewart Brand, the Whole Earth Network, and the Rise of Digital Utopianism. Chicago

United States v. Jones (2012), supremecourt.gov/opinions/ 11pdf/10-1259.pdf

Universität Duisburg Gesamtschule (Hg.) (1988), Dossier Volkszählung '87. Duisburg

Vec, Milos (2009), Sichtbar / Unsichtbar. Entstehung und Scheitern von Kriminologie und Kriminalistik als semiotische Disziplin; in: Habermas, Rebekka / Schwerhoff, Gerd (Hg.), Verbrechen im Blick. Perspektiven der neuzeitlichen Kriminalitätsgeschichte. Frankfurt am Main / New York, S. 383–414

Vogl, Joseph (1998), Grinsen ohne Katze. Vom Wissen virtueller Objekte; in: Herrmann, Hans-Christian v./Middell, Matthias (Hg.), Ort der Kulturwissenschaft. 5 Vorträge. Leipzig, S. 41–53

Vorpagel, Russell (1982), Painting Psychological Profiles: Charlatanism, Coincidence, Charisma, Chance or a New Science; in: The Police Chief, S. 156–159

Watson, John (1913/1968), Psychologie, wie sie der Behaviorist sieht; in: Ders., Behaviorismus. Köln, S. 13–28

Watson, John (1925/1930), Der Behaviorismus. Berlin / Leipzig

Webster Universal Dictionary (1968), Art. ›Profile‹. New York, S. 1163

Weich, Andreas (2017), Sich profilieren und profiliert werden – über zwei Seiten einer Medaille; in: Ders./Degeling, Martin / Othmer, Julius / Westermann, Bianca (Hg.), Profile. Interdisziplinäre Beiträge. Lüneburg

Weinreich, Andrew (1997), Method and Apparatus for Constructing a Networking Database and System. United States Patent No. US 6 175 831, google.com/patents/US6175831

Wenzlau, Andreas, u. a. (2003), KundenProfiling. Die Methode zur Neukundenakquise. Erlangen

Wermann, Claus Fokke (1987), Schöne neue Kabelwelt; in: Anonym (Hg.), Volkszählungs-Boykott. Bilder, Plakate, Flugschriften. Kassel, S. 37–39

Westphal, Carl (1877/1892), Eigenthümliche mit Einschlafen verbundene Anfälle; in: Carl Westphal's gesammelte Abhandlungen. Berlin, S. 393–407

Wiener, Norbert (1943/2002), Verhalten, Absicht und Teleologie;

in: Ders., Futurum Exactum. Ausgewählte Schriften zur Kybernetik und Kommunikationstheorie. Wien, S. 61–69

Wittig, Petra (2000), Die datenschutzrechtliche Problematik der
Anfertigung von Persönlichkeitsprofilen; in: Recht der Datenverarbeitung Jg. 16, S. 59–62

Wolf, Gary (2010), The Data-Driven Life; in: New York Times
Magazine, nytimes.com/2010/05/02/magazine/02self-measure
ment-t.html

Zogg, Jean Marie (2011), GPS und GNSS. Grundlagen der Ortung
und Navigation mit Satelliten, zogg-jm.ch/Dateien/Update
Zogg_Deutsche_Version_Jan_09_Version_Z4x.pdf

Andreas Bernard
Kinder machen
Samenspender. Leihmütter. Künstliche Befruchtung.
Neue Reproduktionstechnologien und
die Ordnung der Familie
544 Seiten. Gebunden

Wenn die biologischen Eltern nicht die sozialen sind – was passiert mit der Familie?

Immer mehr Kinder werden mit medizinischer Unterstützung gezeugt. Andreas Bernard hat alle Fakten darüber zusammengetragen, hat die Akteure befragt, die Orte besucht, in den Laboren assistiert, um jetzt eine umfassende Bestandsaufnahme aller Aspekte der künstlichen Zeugung vorzulegen. Eine glänzend erzählte Mischung aus Reportage und Wissenschaftsgeschichte und zugleich eine Untersuchung darüber, was das für unser Verständnis von Familie bedeutet.

»Andreas Bernards Buch [...] ist eine optimistische, dabei fundierte Kulturanthropologie der Gegenwart. Was für eine freudige Überraschung in einer verzagten Zeit!«
Nils Minkmar, Frankfurter Allgemeine Sonntagszeitung

Das gesamte Programm gibt es unter
www.fischerverlage.de

fi 1-007112 / 1